활 쏘는 사람들과
나무 심는 마을

활 쏘는 사람들과
나무 심는 마을

초판 1쇄 인쇄 2023년 11월 13일
초판 1쇄 발행 2023년 11월 20일

—

기   획 한국국학진흥원
지은이 정수환
펴낸이 이방원

책임편집 정조연   **책임디자인** 양혜진
마케팅 최성수·김 준   **경영지원** 이병은

—

펴낸곳 세창출판사
　　신고번호 제1990-000013호 **주소** 03736 서울특별시 서대문구 경기대로 58 경기빌딩 602호
　　전화 02-723-8660 **팩스** 02-720-4579 **이메일** edit@sechangpub.co.kr **홈페이지** http://www.sechangpub.co.kr
　　블로그 blog.naver.com/scpc1992 **페이스북** fb.me/Sechangofficial **인스타그램** @sechang_official

—

ISBN 979-11-6684-272-6 94910
　　　　979-11-6684-259-7 (세트)

ⓒ 한국국학진흥원 연구사업팀, 문화체육관광부

활 쏘는 사람들과
나무 심는 마을

정수환 지음
한국국학진흥원 기획

세창출판사

　한국국학진흥원에서는 2022년부터 문화체육관광부의 지원
으로 전통생활사총서 사업을 기획하였다. 매년 생활사 전문 연
구진 20명을 섭외하여 총서를 간행하기로 했다. 올해 나온 20권
의 본 총서가 그 성과이다. 우리 전통시대의 생활문화를 대중에
널리 알리고 공유하기 위한 여정이 시작된 것이다.

　한국국학진흥원은 국내에서 가장 많은 민간기록물을 소장
하고 있는 기관으로, 그 수는 총 62만 점에 이른다. 대표적인 민
간기록물로 일기와 고문서가 있다. 일기는 당시 사람들의 일상
을 세밀하게 이해할 수 있는 생활사의 핵심 자료이다. 고문서는
당시 사람들의 경제 활동이나 공동체 운영 등 사회경제상을 이
해할 수 있는 자료이다.

　한국의 역사는 『조선왕조실록』이나 『승정원일기』와 같이 세
계적으로 자랑할 만한 국가기록물의 존재로 인해 중앙을 중심
으로 이해되어 왔다. 반면 민간의 일상생활에 대한 이해나 연구
는 관심을 덜 받았다. 다행히 한국국학진흥원은 일찍부터 민간
에 소장되어 소실 위기에 처한 자료들을 수집하고 보존처리를

통해 관리해 왔다. 또한 이들 자료를 번역하고 연구하여 대중에 공개했다. 그리고 이러한 민간기록물을 활용하고 일반에 기여할 수 있는 방법으로 '전통시대 생활상'을 대중서로 집필하는 방식을 통해 생생하게 재현하여 전달하고자 했다. 일반인이 쉽게 읽을 수 있는 교양학술총서를 간행한 이유이다.

총서 간행을 위해 일찍부터 생활사의 세부 주제를 발굴하는 전문가 자문회의를 개최하고, 전통시대 한국의 생활문화를 가장 잘 구현할 수 있는 핵심 키워드를 선정하였다. 전통생활사 분류는 인간의 생활을 규정하는 기본 분류인 정치·경제·사회·문화로 지정하였다. 이를 기반으로 매년 각 분야에서 핵심적인 키워드를 선정하여 집필 주제를 정했다. 금번 총서의 키워드는 정치는 '관직생활', 경제는 '농업과 가계경영', 사회는 '가족과 공동체 생활', 문화는 '유람과 여행'이다.

분야마다 5명의 집필진을 해당 어젠다의 전공자로 구성하였다. 서술은 최대한 이야기체 형식으로 다양한 사례를 풍부하게 녹여 달라고 요청하였다. 특히 어디서나 간단히 들고 다니며 읽을 수 있도록 쉽게 서술해 줄 것을 부탁하였다. 그러면서도 본 총서는 전문연구자가 집필했기에 전문성 역시 담보할 수 있다.

물론 전문적인 서술로 대중을 만족시키기는 매우 어렵다. 그래서 원고 의뢰 이후 5월과 8월에는 각 분야의 전공자를 토론자로 초청하여 2차례의 포럼을 진행하였다. 11월에는 완성된 초고를 바탕으로 1박 2일에 걸친 대규모 학술대회를 개최하였다. 포럼과 학술대회를 바탕으로 원고의 방향과 내용을 점검하는 시간을 가졌다. 원고 수합 이후에는 책마다 전문가 3인의 심사의견을 받았다. 2023년에는 출판사를 선정하여 수차례의 교정과 교열을 진행했다. 책이 나오기까지 꼬박 2년의 기간이었다. 짧다면 짧은 기간이다. 그러나 2년의 응축된 시간 동안 꾸준히 검토 과정을 거쳤고, 토론과 교정을 진행하며 원고의 완성도를 높이기 위해 분주히 노력했다.

전통생활사총서는 국내에서 간행하는 생활사총서로는 가장 방대한 규모이다. 국내에서 전통생활사를 연구하는 학자 대부분을 포함하였다. 2022년도 한 해의 관계자만 연인원 132명에 달하는 명실공히 국내 최대 규모의 생활사 프로젝트이다.

1990년대 이후 폭발적으로 증가했던 일상생활사와 미시사 연구는 근래에는 학계의 관심이 소홀해진 상황이다. 본 총서의 발간이 생활사 연구에 다시 활력을 불어넣는 계기가 되기를 기대한다. 연구의 활성화는 연구자의 양적 증가로 이어지고, 연구의 질적 향상 또한 이끌 것이다. 그렇게 된다면 전통문화에 대한 대중들의 관심 역시 증가할 것으로 기대된다.

본 총서는 한국국학진흥원의 연구 역량을 집적하고 이를 대중에게 소개하기 위해 기획된 대표적인 사업의 하나이다. 참여한 연구자의 대다수가 전통시대 전공자이며, 앞으로 수년간 지속적인 간행을 준비하고 있다. 올해에도 20명의 새로운 집필자가 각 어젠다를 중심으로 집필에 들어갔고, 내년에 또 20권의 책이 간행될 예정이다. 앞으로 계획된 총서만 80권에 달하며, 여건이 허락되는 한 지속할 예정이다.

대규모 생활사총서 사업을 지원해 준 문화체육관광부에 감사하며, 본 기획이 가능하게 된 것은 한국국학진흥원에 자료를 기탁해 준 분들 덕분이다. 이 자리를 빌려 그분들께 다시 한번 감사드린다. 아울러 총서 간행에 참여한 집필자, 토론자, 자문위원 등 연구자분들께도 감사 인사를 전한다. 책의 편집을 책임진 세창출판사에도 감사드린다. 이 모든 과정은 한국국학진흥원 여러 구성원의 노력이 있었기에 가능했다.

2023년 11월
한국국학진흥원 연구사업팀

차례

아마? 곗돈!: 계와 동아리, 그리고 동계

계라고 하면 요즘은 조금 어색한 단어이다. 하지만 동아리, 밴드 등과 같은 여러 모임으로 생각한다면 조금은 쉽게 이해할 수 있다. 온라인 세상에서는 여러 가지 모임이 생겼다가 사라지기를 반복한다. 심지어 카카오톡 단톡방도 있고 여러 이야기가 만들어지고 있는 텔레그램이라는 단어도 낯설지 않다. 이런 모든 것은 하나의 소모임이고 옛말로 하자면 '계'라고 볼 수 있다.

우리나라 역사에서 이 계와 관련한 이야기는 고대에서부터 시작한다. 하긴, 사람이 모이면 조직이 만들어지는 일은 어쩌면 인류 보편의 현상일지도 모른다. 그렇지만 이야기를 너무 멀리 끌어가면 복잡해진다. 20세기의 계에서는 무엇보다 '곗돈'이라는 단어와 연결할 수 있다.

일제강점기, 그리고 독립 후 산업화시대에 '계'는 삶의 고난함을 함께 이겨 내는 하나의 수단이기도 했다. 무엇보다 공신력 있는 금융이 잘 없었던, 그리고 효과적인 돈 관리가 쉽지 않았던 시대에 목돈을 마련할 수 있는 대안 중 하나였다. 자녀 학자금, 주택 마련 등과 같은 목적을 위해 많은 사람이 모여서 이런저런 계를 조직했다. 여기에는 이른바 '곗돈'이 조직의 중심이었다.

계원이 십시일반으로 일정한 금액을 모았다. 그리고 계주가 곗돈을 관리하고 곗돈을 받는 순서를 기다리는 사람들이 있었다. 이런 현상은 최근에도 있었다. 2023년 5월 5일 자 『중앙일보』에는 「곗돈 40억 들고 사라졌다…금은방 주인 잠적에 어촌마을 발칵」이라는 제목의 기사가 있다. 기사에 소개한 사연은 다음과 같다.

> 금은방을 운영하는 계주 A씨(60대 여성)가 곗돈 40억 원을 들고 잠적하면서 시작됐다. 확인된 피해자는 40여 명으로, 대부분 이 지역 자영업자들이다. 이들은 20여 년 전부터 매달 100만~200만 원을 붓는 방식으로, 한 명당 적게는 수천만 원에서 많게는 수억 원까지 A씨에게 맡겼다.
>
> — 한예슬, 「곗돈 40억 들고 사라졌다…금은방 주인 잠적에 어촌마을 발칵」, 『중앙일보』, 2023년 5월 5일

기사에 따르면 경주의 어느 마을에서 20년이 넘는 오랜 기간 동안 금은방을 운영하던 계주가 인근에서 자영업을 운영하던 주민 40여 명과 함께 계를 조직했다가 40억이 넘는 곗돈을 들고 잠적했다고 한다. 한 달마다 계회를 열고 곗돈을 함께 불입하던 신뢰가 한 번에 무너지면서 경제적인 충격보다 마음의 상처도 크게 남았다.

계의 조직과 활동은 현재까지도 이어지고 있다. 얼마 전까지, 그리고 지금도 작동하고 있는 곗돈과 관련한 계는 본디 조금은 다른 모습을 하고 있었다. 조선시대만 하더라도 계는 단순히 특정 목적을 위해 조직하고 운영하는 여러 형태의 조직이었다. 그리고 운영의 필요에 따라 공동의 기금을 축적, 혹은 증식하고 공동의 목적을 위해 지출했다. 그러던 것이 20세기 즈음 들면서 흔히 말하는 식리계, 즉 돈놀이가 주가 되는 형태로 변화하게 되었다. 그래서 계주와 곗돈에 얽힌 사건들이 아주 빈번했다.

그렇지만 이런 계의 원형을 잘 살필 수 있는 시기는 아무래도 조선시대라고 하겠다. 조선시대에는 마을마다 계가 있었고 이를 동계라고 불렀다. 여기서 '계'라는 단어의 의미를 잠시 되새길 수 있다. '계'는 '계약'이라는 단어와 관련이 있다. 그러므로 바로 이 단어와 연결하여 생각할 때 계는 하나의 약속이다.

그리고 여러 계에는 계헌, 혹은 약조, 절목 등이 있는데, 이들은 여러 목적에 따른 약속을 문장으로 기록한 결과이다. 이렇게 본다면 계는 여러 사람이 동의하는 약속을 중심으로 한 사람들의 모임이라고 보면 알기 쉽다.

조선시대 계의 대표 사례는 동계이다. 동계 등 결사체는 공유자산의 유지와 지속을 위한 호혜와 협동의 공정이 있었다. 바로, 마을 주민, 혹은 계원들이 지키고자 하는 유형이나 무형의 가치를 서로 나누는 호혜를 위해 함께 협동하여 노력했다는 사실이다. 그런데 한편으로는 다른 시각도 있다. 공동체 내의 갈등과 반목은 항상 있으며, 이러한 현상은 인류의 보편적 현상으로 보기도 한다. 그럴 수 있다. 그렇지만, 이런저런 갈등과 반목의 요소에도 불구하고 조직을 만들고 약조를 설치한 동계와 같은 결사체가 오랫동안, 혹은 아주 오랜 시간 이어졌다는 사실에 주목할 필요가 있다.

조선시대 농촌의 경험에서 대표적인 것들, 그중 하나로 동계를 꼽을 수 있다. 그리고 이러한 경험은 우리의 토착indigenous 지식으로 선조가 남긴 역사적 유산이 되었다. 마을 주민들이 모임을 만들고 호혜와 협동을 이어 간 이야기들을 찾아서 오늘날 우리에게 주는 교훈을 생각해 보자.

어울려 서로 함께하는 사람들

계의 구성원들이 경제적 이익이라는 공동의 호혜라는 목적에 따라 겟돈을 모으는 협동은 아주 불안불안했다. 20세기에 신문지의 지면과 텔레비전의 화면을 장식했던 많은 뉴스가 이를 보여 준다. 호혜를 위한 협동은 서로의 믿음을 전제로 하는데, 이들 사례는 인간의 믿음과 연대가 보잘것없고 약하다는 결론을 만들기에 충분했다. 인간은 정말 믿을 수 없는 존재인가?

'공유지의 비극'이라는 이야기가 있다. 개릿 하딘Garrett Hardin이라는 미국의 생물학자가 1960년대에 제안한 개념이다. 그는 모두가 사용 가능한 목초지에서는 개인의 이익을 높이려는 욕심으로 인해 가축의 과잉 방목이 발생한다고 설명한다. 그런데, 이러한 현상은 제한된 목초지라는 특성에 따라 결국 파국으로 연결된다고 주장했다. 공유하는 자산에 대한 공익보다 개인의 이익을 우선한 결과였다.

세상에 불신만 가득하다면 그건 어쩌면 지옥일지 모른다. 이런 생각의 연장에서 '공유지의 비극'이라는 명제에 의문을 표시한 사람이 있다.

공동 자원을 사용하는 개인들이 빠져나올 수 없는 함

정에 갇혀 있다고 전제하는 대신, 필자는 딜레마 상황에서 탈피할 수 있는 개개인들의 역량은 상황에 따라 가변적이라는 점을 주장하고자 한다. … 공유재 문제를 해결하는 과정에서 왜 어떤 노력은 성공한 반면 다른 노력은 실패했는가? 보다 나은 행동 이론, 즉 사람들의 문제 해결 능력을 증진시키거나 저해하는 핵심적인 요인들을 알려 주는 집합 행동 이론을 발전시키고

그림1 경주 내남면 이조리에 있는 마을 숲(좌)과 수리시설(우)

이들은 17세기 후반 이조마을에서 조성한 데서 유래하는데, 조선시대 공유자산의 일환으로 볼 수 있다

활용하기 위해 우리가 실제 사례에서 배워야 하는 것
들은 무엇인가?
— 엘리너 오스트롬 지음, 윤홍근·안도경 옮김,『공유의 비극을
넘어』, 랜덤하우스코리아, 2010, 43쪽

오스트롬Elinor Ostrom은 인간의 행동에 대한 분석을 시도했
다. 그는 공공의 자산, 즉 공유재의 관리에는 실패 사례만 있지
않고 성공한 사례도 있다는 점에 주목했다. 무엇보다 수백 년
동안 공동체에서 관리하고 지속했던 목장이나 수리시설을 추
적했다. 그 결과 공동체에서 이들 공유재가 주는 공동의 이익,
즉 호혜를 위해 약속과 규약을 스스로 만들어 관리하는 협동을
밝혀냈다. 인간의 호혜와 협동의 가치를 발견한 공로로 그는
2009년, 노벨경제학상을 수상했다.

오스트롬이 주목한 호혜와 협동을 위한 여러 사람, 공동체
의 노력과 같은 사례는 우리 역사에서도 찾을 수 있다. 그리고
어쩌면 현대 한국 농촌이 가난과 질병을 극복할 수 있었던 동력
도 바로 우리의 유산에서 발견할 수 있겠다. 그 유산이라는 것
은 조선시대 전근대사회의 농촌과 농촌공동체의 가치, 곧 유형
과 무형의 공유자산Commons을 둘러싼 호혜와 협동의 지혜이다.

조선시대의 사회는 거의 농업을 중심으로 하는 농촌사회였

다. 이런 배경을 가진 지역사회에 대한 이해는 그동안 지배와 피지배 계층의 갈등과 착취의 구조로 이해하는 측면이 있었다. 양반들이 가족 단위로 세력화한 사족이라는 집단들이 지역의 패권을 두고 서로 연대하고 대립하는 모습으로 그려졌다. 하지만 지역사회와 마을이 이런 상황이었다면 500년 왕조가 지속하기 어려웠을 것이고, 더욱이 마을은 하나의 지옥으로 변해 갈기갈기 찢어지고 말았을 것이다.

농촌 마을의 실상은 그렇지 않았다. 아직도 곳곳에 수백 년의 역사를 자랑하는 마을들이 많다. 그러니까 지배와 갈등도 곳곳에 있었겠지만, 한편으로는 호혜와 협동도 있었다는 점을 부인할 수 없다. 이런 사례에 접근할 수 있는 조금은 손쉬운 방법은 계, 특히 동계를 발굴하는 일이다. 아직도 우리나라 곳곳에는 여러 목적의 계를 마을 단위로 운영했고, 심지어 지금도 그 유산을 이어 가고 있는 곳이 아주 많기 때문이다.

조선시대 동계는 마을의 구성원이 조직한 것으로, 여기에서는 그 목적과 방향을 밝히고 있다. 기본적으로 마을 구성원이 겪게 되는 혼인이나 상사와 같은 큰일에 서로 부조로 돕는 내용이 중심이다. 흔히 '환난상구'라고 부른다. 이 외에도 화재, 도적, 질병에 대해 서로 돕기 위해 동계가 조직되고 작동했다. 이런 활동은 임진전쟁과 병자전쟁, 그리고 이즈음의 극심한 가난과 질병을 겪는 과정에서 아주 널리 퍼져 나갔다.

언제나 그렇듯이, 조직에는 갈등이 있고 이를 조절하는 규약이 필요하다. 동계도 마찬가지였기에 환난상구와 같은 공동의 이익을 위한 호혜를 실현하기 위한 일종의 약속, 규약이 필요했다. 이러한 동계, 그리고 규약이야말로 구성원의 협동을 가장 잘 보여 준다. 서로 양보하고, 혹은 경계하면서, 공동의 목표를 유지하고 계속한다. 이것이 바로 후대에 물려주는 지혜이자 유산이 된다.

경주와 경주 사람들, 그리고 경주의 마을

경상도는 경주와 상주라는 두 개의 큰 도읍에서 따온 이름이다. 이 중 경주는 특히나 삼한의 후예로 떨쳐 일어나 삼국을 통일한 신라의 도읍, 서울이다. 그렇기에 많은 이야기가 곳곳에 스며 있고, 그만큼 사람들의 삶도 다채롭다. 그중에서도 조선시대 경주에는 많은 마을과 마을마다의 동계가 있었고 아주 오랫동안, 심지어 지금도 작동하고 있다는 남다른 모습을 주목할 수 있다. 맛보기로 3가지 마을의 이야기를 먼저 들어 본다.

먼저, 경주 강동면 국당리에는 400년이나 지속하고 있는 동계가 있다. 지금도 해마나 계원들이 모여서 선배 계원들이 남긴 지식을 이어 가면서 이름을 '상동계上洞契'라고 부른다. 자부심이 묻어나는 표현이다.

> 우리 마을은 다른 동네와 달리 선조들의 자취가 있는 오래된 동으로 동계의 규약을 세운 것이 가장 먼저이고 지난 세월도 오래되었다.
>
> — 국당리 동계의 「입의」 중에서

그림 2 경주 국당리 마을 전경

이는 1898년(광무 2) 2월 17일, 동계의 규약에 대한 합의를 담은 「입의」에서 밝힌 내용이다. 계원들은 자신들의 마을이 1598년(선조 31)부터 동계를 실시했다고 믿으며 경주와 그 주변에서 가장 오랜 전통을 갖고 있다고 강조했다. 그래서 동계의 이름도 다른 마을의 그것보다 격이 높다며 '상동계'라고 주장했다.

현재 국당리에 남아 있는 고문서에서는 조금 더 깊은 내용을 담고 있다. 국당리의 동계는 사실 1627년(인조 5) 즈음, 이 마을과 주위의 4-6개 마을에 함께 살고 있던 8개 성씨가 창설했다. 그리고 17세기 동안 12개 성씨의 누계 118명이 계원으로 참여하고 활동하였다. 동계는 초상이나 장례와 같은 지출이 많은 슬픈 사건을 당한 계원에게 부조를 했다. 부조 내용은 종이와 초 같은 현물에서 동전과 같은 돈에 이르기까지 시대마다 달랐다.

조선시대, 성리학이 널리 퍼진 세상에서 죽음 후 따라오는 상장례는 특별한 의미가 있었다. 국당리 동계, 즉 상동계는 성리학 식견을 갖춘 지식인이 계원으로 참여하고 있었다. 이들 지식인, 즉 선비에게는 효의 실천이 중요했다. 그런데 상장례를 위한 비용이 너무 많이 들면서 파산하는 일이 많았다. 상패喪敗라는 단어가 생길 정도로 심각했다. 그렇기에 선비들이 모인 마을에서는 상장례를 원활히 잘함으로써 다른 마을과는 달리 성리학의 가치를 잘 실현한다는 자부심을 느끼고자 했다. 이 자부심이 바로 공유의 가치였고 이를 위한 부조가 협동이었다.

다른 사례도 있다. 국당리의 사례처럼 마을 사이에서는 함께하는 가치를 위해 호혜와 협동하는 동계를 경쟁적으로 조직하기도 했다. 조선 후기에 특히 유행하던 하나의 현상이었다. 경주 양동마을과 인근의 옥산동이 그러했다. 이들 두 마을은 17세기부터 동계를 조직하고 서로 경쟁하면서 열심히 호혜와 협동을 실현했다. 옥산동의 이야기에서 살펴볼 수 있다.

초상과 장례에 서로 살펴 주는 도리는 한번 정한 규약

그림 3 옥산동 전경

을 벗어나지 않았다. 그런데 계원이 점차 많아지면서 여러 의견이 분분했다. 지금 만일 정하지 않으면 뒤의 폐단을 막기 어렵다. 그러므로 이제 상·하가 모두 모여서 규칙과 전례를 의논해서 정한다.

― 옥산동계에서 결의한 상장에 지원하는 규약

역시 옥산동의 동계에서도 계를 만든 17세기 이후 계속해서 상장례에 계원들을 지원하고 있었다. 그러다가 마을의 인구가 증대하고 계원이 늘어나 재원 운영에 어려움이 있자 조정이 필요했다. 급기야 1758년(영조 34)에 이르러 이처럼 계원들의 합의로 부조의 규모와 종류, 그리고 횟수를 제한하는 9개의 조목을 만들게 되었다. 이 과정에서 상계, 즉 양반들이 속하는 무리와 평민과 천민이 속한 하계의 구성원을 함께 기록하고 있었다. 성리학이 살아 숨 쉬는 마을이라는 가치를 계속 지키는 일이 중요했고, 무엇보다 경쟁 마을이라 할 수 있는 양동마을을 의식하지 않을 수 없었다. 그렇기에 합의에 보다 쉽게 이를 수 있었던 것이다.

조선시대에는 마을마다 동계를 조직했고, 동계 외에도 여러 목적에 따라 가지가지 계가 작동했다. 국당리나 옥산동의 동계처럼 조선시대 핵심 가치인 성리학 이념과 같이 보이지 않는 공동의 가치를 위한 협동이 많았다. 그리고 한편으로는 농업을 위한 용수의 확보, 숲의 관리 등과 같은 실질적인 공동의 이익을 위해 협동하기도 했다. 이처럼 동계에는 이념과 현실이 함께 작동하고 있었으며, 그렇기에 조선시대 지역사회와 마을을 이해하는 좋은 주제 중 하나이다.

1

활 쏘는 사람들,
방어리의
사계와 동계

전쟁과 평화, 두 번의 전쟁과 동계

흔히들 임진전쟁을 미증유의 전란이라고 한다. 어찌 한국 역사에서 이전에 없었던 큰 전쟁이라고 하겠는가마는, 그만큼 이 전쟁이 준 피해와 충격이 컸다는 사실을 말한다. 실록에는 전쟁의 시작을 다음과 같이 적고 있다.

왜구가 침범해 왔다. … 적선이 바다를 덮어 올 때 부산 첨사 정발은 절영도에서 사냥을 하고 있었다. 그는 조공하러 오는 왜라고 생각해 미처 대비하지 않았는데, 부산진에 돌아오기 전에 이미 적이 성에 올라 있었다.

침입자를 왜구라고 규정하고, 전쟁에 대한 대비가 없어 큰 혼란에 빠진 상황을 적고 있다. 『선조실록』은 왕이 세상을 떠난 뒤 전쟁과 관련한 관청과 민간의 여러 기록을 모아서 재구성했다. 이 과정에서 이 전쟁을 '임진왜란'이라고 칭하며, 전쟁의 성격을 '난리'로 축소했다. 하지만, 지금에서 보면 왜국과 조선, 그리고 심지어 명나라까지 참전한, 당시 기준으로 세계대전이었다. 따라서 임진전쟁으로 볼 수 있다. 왜란을 전쟁, 그리고 세계전쟁으로 이해하면 그 혼돈과 고통을 더 사실적으로 알 수 있다.

전쟁이 일어나고 며칠 뒤인 4월 15일, 송상현은 왜적이 동래성을 3중으로 포위하고 공격하는데도 동래부의 사람들과 분전하다 함께 생을 마감했다. 동래성 함락의 충격은 컸다.

부산포가 함락되고 잇달아 동래부사 송상현이 살해되었다. 나머지 군관과 사졸들도 죽은 자를 헤아릴 수 없었다.

— 상주 의병장 곽수지의 『호재진사록』 중에서

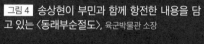
그림 4 송상현이 부민과 함께 항전한 내용을 담
고 있는 〈동래부순절도〉, 육군박물관 소장

송상현이 동래성에서 살해되었다는 소문은 당시에 큰 공포
로 다가왔다. 이후의 사실은 너무도 잘 알듯이 조선은 한 달이
채 되지 않는 사이 한양을 내주고 말았다. 전쟁의 참상은 상상
을 초월한다. 다시 실록의 기사이다.

기근이 극심하여 인육을 먹기에 이르렀으나 마음에 괴
상하게 여기지도 않았습니다. 길바닥에 굶어 죽은 시
체를 칼로 도려내어 한 곳도 완전한 살이 없을 뿐 아니
라, 혹은 산 사람을 도살하여 내장과 뇌수까지도 모두
먹었습니다.

─『선조실록』, 선조 27년 1월 17일의 내용

전쟁이 봄에 일어남에 따라 농사를 제대로 지을 수 없게 되
자 이듬해에는 굶주림과 질병이 만연하게 되었다. 이러한 상황
은 그다음 해에도 이어져 너무도 극단적인 굶주림으로 사람을
잡아먹는 일이 일상이 되는 생지옥이 되고 말았다. 아마도 극단
적인 표현일 수 있다. 그렇지만 전혀 사실이 아닌 내용은 아니
었다.

전쟁 때문에 생기는 고통은 신분제사회 조선에서 지배층에
게도 예외가 없었다. 대표적으로 탄금대에서 장렬한 최후를 맞
은 신립 장군 형제들이었다. 신립은 1592년(선조 25) 4월 탄금대
에서 자결하였고, 동생 신할은 5월 임진강에서 진사하였다. 그
리고 이들의 형 신급은 모친을 모시고 피난하던 중 생을 마감했
으며, 그의 모친 파평 윤씨도 전란 중에 세상을 떠났다. 이처럼
양반들도 전장에서나 피난 중에 극심한 고통을 피할 길이 없었

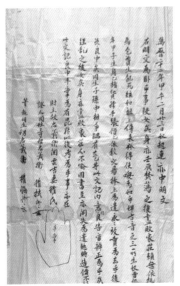

다. 그렇다면 여느 평민이나 천민이 겪는 고통이 어떠했는지는
짐작할 수 있다.

사람들이 견디어야 했던 고통은 고문서에 기록으로 남아 있
다. 특히 1593년(선조 26)부터 1597년(선조 30)까지 작성한 매매와
관련한 명문이 대표적 사례이다. 명문에 기재된 매매 사유는 대
부분 '가난 때문에'나 '가난하여 세금이 연체되어'와 같은 단편
적인 내용이었다. 그러나 구체적으로 서술한 문서도 있다.

임진년 분탕질 뒤에 집안의 토지가 모두 무너져 전혀

의지할 것이 없다. 걸식해서 살고 있어 곧 굶어 죽을 것
같아 … 전란을 겪으면서 나의 몫이었던 집안의 전지
를 완전히 잃어버렸을 뿐만 아니라 도서圖書마저도 잃
어버려 새로 만들어 갖출 수 없다. 이 문기에 수장手掌
을 하니 이로써 나중에 상고하고자 한다.

－「만력 22년 갑오 2월 23일
노기연역중 명문萬曆二十二年甲午二月二十三日奴起連亦中明文」

　　이들 명문에 기록된 사연은 유리걸식과 같은 극단적인 기근
과 가족의 고통이었다. 1594년(선조 27) 2월 23일에 작성한 이 매
매 명문은 사대부 부녀자의 트라우마를 볼 수 있다. 평시에 사
대부 부녀자는 문서 행위에 직접 참여하지 않았다. 하지만, 전
쟁은 살아가기 위해 어쩔 수 없이 천민 외간 남자와 직접 거래
해야 하는 수모를 참을 수밖에 없게 만들었다. 그리고 사대부
부녀자의 품격을 지켜 주는 도장, 즉 도서를 잃어버렸지만 새로
마련하지 못했을 뿐만 아니라 평·천민의 신용 수단인 수장으로
대신했다.
　　인용문은 사대부 부녀자가 임진전쟁 당시 다급하고도 절박
한 상황에 직면하게 되면서 매매에 직접 참여하는 것은 물론 수
장을 하고, 또 노비에게 방매하게 되면서 자존감의 상실을 경험

했다고 볼 수 있다. 지금이야 공감하기 어려울지 모르지만 400년 전의 조선 사람들은 상상도 할 수 없었던 고통이었다. 그래서 '미증유의 전란'이라고 평가하지 않을 수 없었다. 그런데, 경주는 동래에서 한양으로 향하는 길목에 있었기에 이러한 전란에서 왜군에 의한 피해가 아주 심했다. 경주 시민들이 전쟁과 그 뒤에 견디어 내야 했던 고통이 얼마만큼이었는지 알 만하다.

전통은 만들어지지 않고 발견된다

경북 경주시 방어리에는 17세기 활을 쏘는 모임에서 시작한 사계에서 출발하여 18세기 동계, 그리고 19세기 상동계로 중수한 동계가 운영되고 있다. 2019년 5월 15일이었다. 방어리를 방문하여 고문서를 발굴하고 계 활동을 하는 분들로부터 동계에 얽힌 여러 재미있는 말을 들을 수 있었다. 고문서는 어느 사무실의 철제 캐비닛 몇 개에 소중히 모셔져 있었다. 현재 '방어리 상동계'의 계주契主와 실무 담당 유사有司에게서 1652년(효종 3)부터 동계가 시작됐다는 말을 들었다.

인근 향리에 거주하는 사대부가 자손들이 임병양란任

소중히 전해 보존하고 있는 방어리의 동계 고문서

丙丁亂의 가혹한 고통을 슬기롭게 받아들이면서 향토를
지키신 선인들의 유지를 받들고 전후 무질서한 사회풍
조를 바로잡기 위하여 중지를 모아 창계創楔하였다. 계
명을 사계라 칭하고 무예를 연마하여….

— 유사 이근우, 「상동계사적초上洞楔事蹟抄」, 1993

1993년 상동계에서 정리한 계의 내력과 관련한 내용에는 상
동계의 출발이 사계에 있다는 사실과 계를 창립한 배경이 나
와 있다. 내용은 맥락을 살펴서 풀어 설명할 수 있다. 방어리
를 중심으로 인근의 여러 마을에 거주하던 양반들이 1592년과

그림7 경주 옥산서원 소장 향약책
4대 강목과 배경을 서술하고 있다

1636년(인조 14)에 있었던 일본, 청나라와의 전쟁 뒤에 지역과 마을을 지키기 위해 계를 만들었다는 사실을 설명하고 있다. 그리고 여기에 덧붙여 전쟁 때문에 무너진 마을의 질서를 계원들과 함께 바로잡기로 결의한 의미를 강조했다.

사회질서, 그것은 무엇일까? 전쟁 이후 설립된 경주 일대의 어느 동계에서 지향하는 내용을 통해 짐작할 수 있다. 경주에는 방어리와 더불어 국당리에도 '상동계'가 있는데, 여기에서 단서를 찾을 수 있다.

> 향약을 따라서 풍속을 바로잡으니 일대가 달라지는 데 이르렀다. 옥산서원에서 『정속언해』 및 『향약』 2책을 보내어 격려했다. 계안은 아직도 남아 전하고 있어 아름다운 자취이다.
>
> ─ 1930년 간행한 『경주읍지』 내용 중에서

국당리 계의 운영 방향이 향약에 있었음을 암시하고 있다. 방어리도 이와 같이 '향약郷約'에서 강조하는 4대 강목에 따른 사회질서 회복이 목적이었다. 좋은 일은 서로 권하고(덕업상권), 잘못은 서로 바로잡으며(과실상규), 예로써 서로 대우하며(예속상교), 어려운 일이 있으면 서로 돕는다(환난상휼)는 점이다. 이들 강목은 또한 부모에 대한 효도와 연장자에 대한 존경에 그 뿌리를 두고 있었다.

20세기에 새롭게 정리한 방어리의 당시 상동계, 그리고 그 전신으로서 사계의 내력에 대한 근거도 있다. 고문서를 꼼꼼히 읽어 보면 계주의 이야기가 사실임을 알 수 있다. 동계가 있기

전에 활쏘기를 위한 계, 즉 사계가 있었다는 사실, 그리고 사계의 출발에 대한 근거가 고문서에 남아 있다. 동계 기록 중 가장 오랜 자료는 계의 내력을 기록한 『사계고왕록』이다. 이 문서에 당시 계원들이 모여서 마을의 현안을 만장일치로 결의한 「입의立義」가 바로 1652년 3월 22일에 있었다고 기록하고 있다.

방어리의 계가 활을 쏘는 사계에서 시작했다는 사실을 350년 뒤의 후배들이 다시 확인한 결과였다. 이에 앞서 1841년(헌종 7) 4월 15일에는 마을 회의의 일종인 완의完議를 거쳐 사계를 상동계로 중수한 사실도 확인할 수 있다. 그리고 지금 계원들은 방어리의 동계를 상동계라고 부른다.

방어리의 동계를 '상동계'로 중수한 의미는 전통에 새로운 의미를 부여한 결과였다. 흔히 말하는 '상동', 즉 지명은 아니었다. 주위에 여러 마을이 있지만, 방어리에서 계를 조직하여 계원들이 함께 가꾸어 가는 가치는 남다르다는 의미가 있었다. 바로 주위의 여러 마을보다 우위에 있는 양반마을로서 '상동'이다. 이런 사실을 드러내기 위해 동계를 '상동계'로 중수했다는 계주와 유사의 주장을 주목할 만하다.

방어리와 마찬가지로 국당리도 동계를 상동계로 부르고 있다. 마을의 자부심이 잘 묻어 난다. 당연히 두 번의 엄청난 전쟁 이후 마을 주민들이 서로 보듬으며 살아가기 위해 계를 만들었으며, 운영 사실을 담은 고문서가 남았다. 그리고 이들 마을의 동계에 대해 모두가 20세기에 그 가치를 새롭게 발견하고 의미를 강조하고 있다는 사실도 흥미롭다. 바로 마을에서 작동한 동계의 가치를 전통이라는 이름으로 새롭게 발견했다는 사실이다.

20세기 방어리 마을의 전통 발견에는 이유가 있었다. 마을 구성원이 고향을 떠나 도시로 향하면서 새롭게 선조로부터 전해 오는 동계를 계속할 구심점, 혹은 고향의 가치에 대한 의미가 필요했기 때문이었다.

무관, 혹은 무부들, 활 쏘는 사람들

경주 외동읍 방어리에는 17세기 중엽부터 시작한 활 쏘는 모임인 사계가 있었다. 이 사계는 두 번의 전쟁 이후에 혹시 모를 또 다른 전란을 예상하면서 마을을 방비하기 위해 마을 구성원이 스스로 구성한 모임이라는 특징이 있었다. 그런데 조선시대에 활쏘기는 예를 가꾸는 의례의 범주에 속하기도 했다. 예컨대, 선비들이 학문 성취를 기념하며 예로서 교유하는 향사례鄕射禮가 있었다. 그러나 방어리 사계는 이와는 달랐다.

그림 8 방어리 마을 전경과 마을의 상징 방지

사계의 성격은 지역과 시기마다 조금은 성격이 달랐던 듯하다. 전라도 영광에서는 1587년(선조 20)에 지역의 하급 관리 이서吏胥 40명이 모여 그들의 결속을 위해 사계를 조직했다. 계의 목적 중에는 다음과 같은 내용이 포함되어 있었다.

계원 중에 관재官災나 화재를 당하면 피해가 가볍거나 무거운 정도에 따라 함께 가서 위로하고 부조할 일이다.

― 1602년 사계의 계안에 수록한 규약 중에서

관리들이 실무를 하면서 장부 기록 등에 실수가 발생해 손실을 보상해야 하는 관재나 당시 빈번했던 화재로 생활이 곤란

해질 경우를 대비하기 위한 모임이었다. 계원들은 지역사회의 양반층이나 고위 관료와 차별적인 자신들의 결속을 다짐과 동시에 현실적인 어려움을 대비하려 했고, 그 매개는 활쏘기였다.

19-20세기 충남 논산의 강경에서는 덕유정이라는 정자에 모여서 활쏘기를 했던 사계를 확인할 수 있다. 주로 참여한 계원은 천민을 제외한 100여 명 전후의 경제력을 갖춘 사람들이었다. 이들의 대부분은 관인이나 품관으로 이서층보다 격이 높은 지역의 관리, 즉 유지에 해당하는 인사들이었다. 활동 내용은 친목 도모와 함께 지역사회의 분쟁을 조정하거나 지역의 행사를 주관하는 등 공무 수행을 보좌하기도 했다.

경주의 사계는 영광이나 강경의 사계와 비슷한 듯 다른 모습이 있다. 활쏘기를 매개로 한 신분의 연대를 위한 사교보다 주민들이 마을 방어를 위한 실무적 계를 만들었다는 점이 두드러진 차이점이다. 당연히, 계원들 사이에 어려운 일이 있으면 서로 돕는다는 내용은 공유하는 가치 중 하나였다. 방어리 사계 계원들의 구성과 의미는 고문서의 「완의」에 잘 밝혀서 적어 두었다.

> 우리 무부武夫는 덕과 재주와 명망에 따라 서로 돕고 한 곳에서 함께 즐거워하는 일을 기쁨으로 한다. 하나같

그림 9 방어리 사계의 결의 내용을 수록한 「완의」

이 과거 시험장에서 서로 도와주면 아주 다행이겠다.

—『사접안 소포계社接案小布契』, 「기사 4월 초2일 완의己巳四月初二日完議」

계원들은 스스로를 무부로 부르면서 이 사실을 드러내고 자랑스러워하기까지 했다. 무부는 무엇인가? 조선시대에는 무과를 통해서 고급 엘리트 장교로 성장하는 과정이 있었고, 이를 바탕으로 이른바 문반과 더불어 무반으로 양반을 구성하였다. 그리고 오늘날 중대장이나 대대장에 해당하는 천총이나 파총 같은 실무 무관이 있었다. 무부는 이처럼 무과를 통한 고급 장교, 혹은 실무 장교를 아우르는 단어였다. 사계 구성원은 이러한 무부들로 구성되어 있었고, 무과의 주요 실습 고시 과목이 활쏘기였으므로 계의 목표는 당연히 과거를 함께 준비하는 데 있었다. 인용문은 무부들이 입신을 준비하며 고락을 함께하는 동료의식을 그대로 보여 주고 있다.

그렇다면, 방어리 무부들은 왜 이렇게 긴장하고 활쏘기로 연대하게 되었을까? 임진전쟁 당시 가토 기요마사(1562-1611)의 일본군은 '언양 → 경주 → 영천 → 문경'을 거쳐 한양으로 진격했다. 그런데 방어리는 언양에서 경주로 가는 길목에 있었기에 전쟁의 참화가 얼마나 심했을지는 짐작하고도 남는다. 마을 이름이 '방어防禦'인 점에서 알 수 있듯이 군사적 이유와 관련이 깊었다. 한글학회는 이 마을에 군사 지휘관 방어사가 상주했거나 군사시설인 둔전屯田이 있었다는 이야기를 확인했다. 방어리에는 전쟁, 그리고 그 뒤의 긴장이 여전히 남아 있었던 것이다.

방어리 사계의 활동 성과는 바로 나타났다. 계원 중 이진(1642-1693)과 이선(1646-1717) 형제가 무과에 급제했다. 그리고 계원의 명단인 좌목에 업무業武나 무학武學과 같이 무예를 익히고 있는 사실을 밝히거나 정로위定虜衛처럼 무관으로 진출한 내용을 적고 있다. 이처럼 방어리 사계는 계원들의 무과를 위한 목적을 아주 잘 달성하고 있었다.

무부들의 의리

의리! 이 단어는 예전에는 '사나이들의 의리!'로 묘사하거나 어떤 경우에는 어둠의 표현으로 사용하기도 했다. 그런데 이 '의리義理'는 뜻이 깊다. 사전적 의미는 사람이 살면서 지켜야 할 도리 정도이고, 영어로는 'Justice'로 번역할 수 있어 한편으로 정의에 가깝다. 조선시대에 이 단어는 더욱 무겁게 다가온다. 개인의 삶에 떳떳함과 당연한 가치의 차원을 넘어 국가 사이의 질서에도 적용되었기 때문이다. 방어리 사계에 참여하는 무부들은 이런 어마어마한 무게가 담긴 '의리'의 뜻을 발견했다.

1652년 3월 22일, 그들은 사계를 설립하면서 '의리'를 위한 창립 취지를 밝혀서 문서에 적었다. 내용은 『사계고왕록』의 계원이 합의한 내용 「입의」에서 읽을 수 있다.

우리는 평생 교류하며 한곳에 살았다. 환난의 일이 있을 때 상구相救하지 못했고, 호락好樂의 일이 있음에 상호相好하지 못했으니 무슨 소용이 있겠는가. 바라건대, 지금부터라도 서로서로 한 몸으로 여겨 환난상구患難相救하고 한곳에 모여서 동락지환同樂之歡하길 바란다. 함께 사후射帿하는 것은 남자의 일이니 어찌 익히지 않을 수 있겠는가? 지금 바로 끝까지 형, 동생과 같은 의리로 서로 흩어지지 않고 어긋나지 않는다. 어린 자가 연장자를 능멸하거나 먼저 화를 내어 분위기를 흐리면 중하면 삭거削去하고 가벼우면 손도損徒하면 다행이겠다.

—『사계고왕록射契考往錄』,
「임진 3월 22일 사계개입의壬辰三月二十二日射契改立義」

우리는 바로 '무부'를 말하며, 구성원의 정체성을 암시한다. 어릴 때부터 한마을에 살면서 같이 성장했다는 점에서 깊은 동

그림 10 방어리 사계의 설립과 운영 내용을 수록한 고문서 『사계고왕록』

료의식을 느낄 수 있다. 여기서 한마을은 방어리만을 뜻하지는 않는다. 왜냐하면 마을에 대한 생각이 350년 전과 지금은 조금 다르기 때문이다. 고문서에 의하면 방어리를 중심으로 못밑, 둔전屯田, 원동院洞, 만다리 등 5개 마을에 계원들이 거주한 사실이 확인된다. 인구가 많지 않은 시골 마을에서는 어울리는 공간이 같으면 한마을로 인식했고, 그중 중심 마을이 방어리였다. 이처럼 같은 공간에서 어릴 적부터 함께했기에 의리를 위해 뭉치기 쉬웠다.

방어리 주위에 사는 무부들이 발견한 '의리'의 내용은 분명했다. 전쟁 등 어려움이 있을 때 서로 도움을 주지 못했고, 살기 바쁘다 보니 좋은 일에도 남몰라라 했다는 사실을 반성했다. 그래서 앞으로 어려운 일은 서로 돕고 기쁜 일을 형제처럼 함께하는 '의리'를 가꾸기 위해 계를 조직했다. 물론, 무과 합격을 위해 무예를 함께 연마하는 것은 덤이었다. 그리고 여기에 의리를 굳건히 하기 위한 벌칙도 추가했다. 분위기를 흐리는 계원에 대해서는 자격을 박탈했는데, 계에서 제외하는 삭거나 동네에서 쫓아내는 손도 등 구분을 두었다. 의리는 소중하니까.

방어리 무부들이 의리를 발견할 수 있었던 계기는 외부에서 다가왔다. 1652년, 전쟁이 주는 교훈과 두려움을 갖고 있던 방어리 거주 무부들은 흩어진 마음을 하나로 묶을 길을 고민하고 있었다. 이즈음 경주, 아니 여러 지역의 많은 마을에서 목적은 각기였을지 몰라도 주민들이 모이는 계, 즉 동계가 만들어지고 있었다. 국가에서도 전쟁이라는 어수선한 분위기를 우려하고, 또 마침 성리학적 가치에서 주민들을 단속할 필요가 있어서 향약의 시행을 권장하고 있었다. 그리고 지역사회의 지식인들도 주희가 지역사회 개발을 위해 활동한 모습을 따라 향약을 적용한 동계를 만들고 있었다.

현재까지 고문서나 말로 전하는 내용 중에서 확인할 수 있는 경주 지역의 가장 오랜 동계는 국당리의 상동계로 볼 수 있다. 국당리는 1627년, 경주 최씨, 신광 진씨, 안동 권씨를 비롯한 여러 마을과 성씨의 대표들이 모여서 상호부조相互扶助를 위해 동계를 만들었다. 동계를 만드는 이유는 본질적으로 서로 돕는, 즉 호혜의 가치를 위해 함께 협동하는 데 있었다. 하지만, 이러한 현상에 대해 예전에는 양반들이 세력을 넓혀서 지역의 권력, 즉 향권鄕權을 다투는 모습이라고 설명하기도 했다.

17세기 초 국당리의 동계가 작동하기 시작하자 지역의 엘리트들이 우후죽순 동계를 조직하기 시작했다. 마을 주민들이 함께 공유하는 가치, 상호부조를 위해 협동하는 수단이자 방법인 동계가 하나의 유행이 된 것이다. 주희가 고향 오부리五夫里에서 지역의 지식인들과 마을을 개발하는 데 힘썼던 고사를 실현한다는 가치도 있었다. 국당리 인근의 사례만 보더라도 양동리, 양월리, 다산리 등 여럿이었다. 이때, 방어리에 거주하던 무부들이 국당리 동계를 주도했던 진횡(1645-1713)과 인연을 맺으면서 그들만의 의리를 찾기 위한 '사계'를 설계했다.

혼사와 상사를 돕는 의리

의리를 위해 뭉친 방어리 마을의 무부들. 모든 모임이 다 그렇듯이 모임이 계속 이어지도록 하는 일은 쉽지 않다. 그렇기에 조직이 필요하고 때에 따라 협의 내용을 수정할 필요가 발생한다. 방어리 사계의 계원들은 지혜를 모아 그들의 의리를 관리했다.

계의 관리를 위해서는 조직이 필요했다. 계를 설립할 당시에는 계를 운영하기 위한 주도자와 실무 담당이 정확하지 않았던 듯하다. 사계 운영을 기록한 고문서에서 확인할 수 없기 때문이다. 그러던 것이 사계를 창립하고 30년 즈음이 지난 1683년(숙종 9), 계원들이 모두 모여서 어떠한 결의를 하고 「완의」를 지었다. 여기에 따르면 사계의 우두머리, 즉 오늘날 계주에 해당하는 계수契首는 이이훈과 한준명이었다. 그리고 계의 돈이나 재산을 관리하고 계원에게 배분하는 일과 같은 실무를 담당하는 공사원公事員으로 이정영과 정계문이 있었다.

사계를 처음 창립할 때는 뜻 있는 무부들이 의리를 앞세워 쉽게 '으쌰! 으쌰!' 할 수 있었을 것으로 보인다. 하지만, 시간이 지나 창립 멤버들이 나이가 들고 또 새로운 계원이 속속 참여하면서 의리에 대한 해석과 계의 기금에 대한 사용을 두고 조그만 틈이 생겨났을 것은 어쩌면 당연하면서 자연스러운 현상이었겠다. 이제 새로운 '으쌰! 으쌰!' 그리고 서로 다른 입장을 녹일 수 있는 조직이 필요했다. 그래서 다른 동계나 조직의 운영을 참고하여 계수와 공사원과 같은 체계에 대한 합의가 있었다. 음력 2월 15일 봄날의 일이었다.

무부들의 의리를 지켜서 이어 가기 위해 기울였던 이야기는 봄날 계원이 만장일치로 결의한 「완의」에 녹아들었다.

우리 사계는 앞서 혼상婚喪 때 서로 부조하는 내용에 대한 완의가 있었다. 그런데 모든 사람의 의견이 하나가 되지 않은 까닭으로 상장喪葬이 있을 때 약간의 부조를 할 수 있었을 뿐이고 혼례 때는 전연 없어 마치 서로 되돌아보지 않는 것과 같을 뿐만 아니라 완의에도 서로 어긋난다. 우리 계의 의리가 엉성한 것이 너무 심해

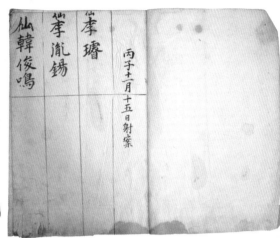
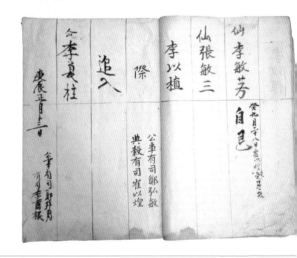

그림 11 방어리 사계의 명단을 수록한 『사안』의 「좌목」

50

서 우리 사계 모든 계원이 매번 입의를 창설하고자 했
다. 그렇지만 지금까지 오히려 결실을 맺지 못하고 말
았다. 지금 이제 모두가 공의로 작정酌定하여 전부터 내
려오는 행해지지 않는 규약을 각자 척념해서 거행하면
아주 다행이겠다.

—『사계고왕록』,「계해 2월 15일 완의癸亥二月十五日完議」

완의는 완전한 합의를 말한다. 바로 구성원들 모두 이견이
없는 가치를 담은 결과이다. 이날에는 사계 창립을 주도하거나
이제 계에 참여를 시작한 계원이 모여서 서로의 입장에 대해 들
어 보는 오늘날의 임시총회와 같은 제회齊會가 열렸다. 아마도
서로 눈치를 보며 입장을 확인하고 조절해 가는 시간이 있었겠
다. 그리고 아무도 반대하지 않는 결의가 있었고, 그 내용은 혼
례와 상례가 있는 계원을 향한 부조였다.

흔히 말하는 극적인 원만한 합의는 쉽지 않다. 「완의」에서
적고 있듯이 모든 사람의 의견이 하나가 되지 못해 여러 차례
모여서 이야기를 나누었지만, 끝내 결실을 맺지 못했다. 생각이
달랐던 내용을 보면, 사계를 창설할 때 혼례와 상례, 이 두 행사
에 대한 계 차원의 지원과 관련해서였다. 오늘날에도 혼례에는
직접 가지 않더라도 가장 큰 슬픔인 초상에 대한 문상은 중요하

게 여기는 분위기가 있다. 예전에도 그랬다. 사실 더 엄격했다. 왜냐하면, 예법 중에서도 가장 중요한 것이 '가례家禮'였고, 가례 중에서도 상장례에 대해서는 복식부터 절차에 이르기까지 꼼꼼했기 때문이다.

앞서 언급했듯이 옛말에는 '상패'라는 단어가 있다. 지금도 장례에는 비용이 많이 들고, 이 때문에 가족 간에 다툼이 생기기도 한다. 조선시대에는 가뭄이나 질병으로 인해 기대수명을 말 그대로 기대할 수 없었기에 불시에, 그리고 이어서 초상이 발생했다. 그리고 상례를 잘 치러야 개인의 존엄과 사회적 입장을 존중받기에 돈을 빌려서라도 예를 차리려고 했다. 그러다 보니 가족 중 다수의 초상이 동시다발로 일어나면 가정 경제가 파산하는 '상패'에 이르게 된다. 조선 후기 유명한 성리학자이자 이익(1681-1763)의 절친 이만부(1664-1732)도 상패로 인해 큰 고초를 겪어야만 했다.

무부들이 방어리에 살면서 그들과 마을의 가치를 생각하면서 사계는 자연스레 혼례보다 상례에 대한 부조를 우선했다. 그러다 보니 계의 규약에 근거해서 비용이 많이 소비되는 혼례에 대해서도 부조가 필요하다는 의견을 가진 계원이 증가했다. 그래서 30년이라는 의견 절충의 과정을 거쳐 바야흐로 1683년 2월 15일, 사계는 모든 계원의 동의를 거쳐 사계 창립 당시 무부들의 의리였던 '상호부조'의 핵심 '혼상부조'를 다시 확인했다. 그들이 말하는 의리는 혼례와 상례에 서로 도와줌으로써 서로 행복하다는 '상조동락相助同樂', 바로 그것이었다.

공공기물, 공유자산 운영

무부들은 사계를 창립하고 무과 준비, 혼례와 상례를 위한 협동이라는 의리로 똘똘 뭉쳤다. 1652년, 사계가 협동하기로 합의한 내용은 12개 조목의 규약이었다. 내용 일부는 다음과 같다.

> 1. 사계 계원 중 출상이 있으면 백지 1권을 부의하고 각기 재목, 개초蓋草, 공석空石을 가져온다. 빈소를 차린 다음 동시에 조배弔拜할 일.
> 1. 혼인할 때마다 건어 1마리, 백주 1병을 유사가 혼주 집에 가져다줄 일.
>
> —『사계고왕록』, 「임진 3월 22일 사계개입의」

먼저 상례와 관련해서는 계원 본인이나 그 가족이 초상을 당해 상여가 나가는 시점에 사계는 계원의 집에 부조했다. 부조는 흰 종이 1권이 기본이었다. 그 외에 나무 기둥, 빈 가마니와 같이 염습이나 차양, 그리고 야외에서 자리를 만들 수 있는 가마니 등 사계에서 갖추고 있는 물종을 사용할 수 있도록 편의를 제공했다. 그리고 빈소가 만들어지면 당연히 계원들이 함께 조문하는 일을 규약으로 삼았다. 거의 3년 동안 이어지는 상례 절차마다 필요한 물건들을 차례차례 지원하도록 합의했다. 그리고 혼례가 있으면 역시 건어와 술을 사계에서 주도하여 혼주의 집에 전달했다. 사계에서 처음 입의와 규약에는 혼례보다 상례를 아주 강조했다.

사계에서 계원의 상례에 부조하는 일을 중요하게 여기면서 상례 부조와 함께 계에서 갖추어야 할 비품이 필요했다. 그중 대표적인 것이 상여였는데, 이 외에도 많은 비품이 필요했다. 사계에서 정리한 내용은 아주 많았다.

> 과녁 1부部, 차일 1부, 장막 3부, 병풍 1좌坐, 상연喪輦(사면운각 4부, 상하방기 8개, 주목 4개, 상하박궁 2개, 지죽 1개, 봉두 4개, 용두 2개, 치장 1부, 렴의 1부, 요령 6개, 청천 1부, 철정 8개, 지동자 3개, 홍미사 대소 16개)
>
> ―『사계고왕록』,「임진 11월 일기물치부壬辰十一月日器物置簿」

그림 12 국가민속문화재 남은들 상여, 문화재청 국가문화유산포털에서 전재

충남 예산에 있던 남연군의 시신을 운반할 때 사용했던 상여로 알려져 있다(https://en-cykorea.aks.ac.kr/Article/E0012087)

무부들의 사계이니 당연히 과녁이 가장 먼저 올라 있다. 그리고 사계 모임이나 초상에도 사용이 가능한 야외에서 행사용 차일과 장막, 그리고 병풍이 중요했다. 특히 상연, 즉 상여가 중요했다. 상여는 조립식으로, 평소에는 보관의 편의를 위해 해체해 두었다가 행사가 있을 때 조립해서 사용했다. 그렇기에 구성품을 잘 관리하지 않으면 파손이나 분실이 발생할 수 있는 위험이 있었다. 사계에서는 관을 넣는 곳과 봉황과 용 문양 등 상여를 장식하는 구성품을 하나하나 문서에 적어 두었다. 그뿐만 아니라 상두꾼들이 상여를 메고 가면서 상엿소리를 구성하는 데 쓰기 위한 종의 일종인 요령 등도 눈에 띈다.

계에서 마련한 소소한 비품은 상례를 품격 있게 만드는 데 중요했다. 그리고 그중 가장 중요한 것이 출상에 필요한 상여였다. 그런데, 여기에 한 가지 문제가 있었다. 개인이 소유한 물건이 아니고 여러 사람이 함께 사용하다 보면 아무래도 이용과 관리에 소홀할 수 있었기 때문이다. 함께 쓰는 물건을 공유자산, 혹은 공유재Commons라고 부르고, 여기에 해당하는 것에는 관개 시설, 목초지, 땔감용 산지 등이 있다. 이러한 공유재는 먼저 사용하는 것이 임자이고 다음 사람을 크게 배려하지 못하기 때문에 쉽게 훼손되고 파괴된다는 주장이 있다. 바로 '공유지의 비극'이다. 마을 놀이터라든지 공용 자전거 등을 잘 관리하기 힘든 점이 여기에 해당한다.

사계는 공유재의 비극을 예상했는지 모른다. 상여 등 계에서 마련하고 있는 공유재를 관리하기 위한 규약도 계원 모두의 동의를 얻어 마련해 두었다.

> 1. 사계 외의 사람이 차일을 사용한다면 백지 2권을,
>   병풍을 사용하면 백지 1권을, 차일과 병풍을 모두
>   사용한다면 좋은 목면 1필을 받을 일이다.
>
> —『사계고왕록』,「임진 3월 22일 사계개입의」

계원만이 차일과 병풍을 사용하게 해서 함께 마련한 기물이라는 마음이 작용하게 했다. 그리고 혹시 모를 훼손에 대한 보수와 새로 마련하기 위해 계원이 아닌 사람들에게는 사용료를 받았다. 이때만 해도 동전이라는 돈이 사용되지 않고 목면 등의 현물이 화폐로 사용되고 있었기에 사용료는 이것으로 대체했다. 사계의 이러한 대처는 공유재를 엄격하게 관리하는 지혜를 보여 주고 있어 오늘날 우리에게도 가치가 있는 하나의 유산이다.

약속과 신뢰의 원칙

모임을 계속 이어서 하는 일은 쉽지 않다. 지금 같은 온라인 세상에서도 가입과 탈퇴에 대한 고민, 특히 조용한 탈퇴를 고민하는 일이 많은 점을 보아도 그렇다. 온라인이든 오프라인이든 그 어떤 모임과 조직도 목표에 공감하는 구성원이 끈끈하게 오랫동안 함께하기란 쉽지가 않다. 이런 일은 비단 오늘만 그러한 것은 아니다. 그 옛날 300년 전에도 다르지 않았다.

다행히도 사계에서 모임의 소속감을 높여서 아주 오랫동안 깨지지 않도록 하는 가르침을 받을 수 있다. 1652년, 사계 창립 멤버들은 계의 소속감을 높이는 기술을 고민한 결과 규약에 해답을 담았다.

1. 원해서 계에 들어오고자 하는 사람이 있으면, 새로 들어오는 사람은 목 2필, 잔칫상 1상, 술 1분 등을 받은 다음 들어오는 것을 허락할 일이다.
1. 사계 계원은 봄에는 보리 1말, 가을에는 벼 1말씩 일일이 거두어들여서 창고에 넣어 둔다. 봄에 빌려 먹고자 하는 사람에게는 이자를 받고 주어 번곡反穀할 일이다.

—『사계고왕록』,「임진 3월 22일 사계개입의」

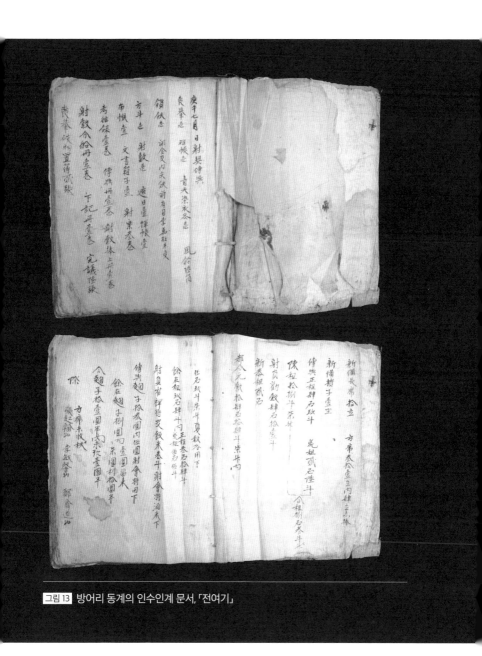

그림 13 방어리 동계의 인수인계 문서, 「전여기」

사계 참여를 희망하는 사람을 '원입願入'이라고 부르고, 이러한 신입 계원이 되기 위한 조건을 제시했다. 당시 돈으로 여겨지는 면포로 곗돈을 납입하여 사계의 재원에 이바지하고 동참 의지를 표현하도록 했다. 그리고 신입 계원의 기강을 잡는다는 뜻에서 일종의 신참례에 해당하는 '한턱내기'를 실시했다. 신참 례에는 술과 안주를 갖추도록 해서 선배들이 만든 질서에 동의하고 선배 계원을 존중한다는 의미를 담았다.

또 하나 중요한 점은 계를 계속하기 위한 동력으로서 중요한 재원의 보충이었다. 바로 사계 계원들이 봄과 가을에 비교적 쉽게 수확하여 준비할 수 있는 보리와 벼를 각기 한 가마씩 회비 조로 내는 것이다. 지금도 그렇지만 해마다 동참의식을 확인하는 절차라고 볼 수 있다. 그리고 중요한 사실 하나. 이러한 회비로 춘궁기에 회원들에게 곡식을 빌려주고 더불어 곡식의 보관이 힘든 현실에서 새 곡식으로 바꾸는 변곡으로 호혜를 확실히 실현했다.

새로운 계원의 참여 의지를 현금과 마음이라는 2가지 측면에서 확인하여 참여를 시험하고, 계원에 대해서도 해마다 연회비를 받아 소속감을 높였다. 그리고 회원과 사계가 모두 도움이 되는 곡식 대여로 계의 참여와 운영 가치를 눈으로 보여 주었다.

조금은 이상적으로 보이는 사계 내부의 모습처럼 보인다. 하지만, 이러한 규약은 계원들의 약속이었으며, 담고 있는 내용은 바로 계원들의 참여 진정성을 담보로 하고 있었다. 어떻게 보면 계원 서로의 신뢰를 말한다고 하겠다. 약속을 이어 가기 위한 신뢰를 지키기 위해서는 희생이 필요하다. 바로 엄격한 단속을 위한 규약이다. 아니나 다를까, 사계를 창립하고 40년 즈음 된 1689년(숙종 15), 이들은 사계를 엄격한 규약으로 보완했다.

> 1. 사회射會를 할 때 사계의 규약을 준수하지 않으면 중죄할 것.
> 1. 봄, 가을의 강신은 무릇 취회 때 혹시라도 무단히 불참하는 계원은 중죄할 것.
> 1. 곡물 수합은 한 번에 갖추어 받고 만일 내지 않는 한 계원은 중죄로 이자를 받을 것.
>
> —『사접안 소포계』, 「기사 4월 초2일 완의」

사계에서 활쏘기 모임을 할 때는 서로 예의를 지키고 안전을 위한 규약을 엄격히 준수하라는 것을 먼저 들어서 계의 설립 취지를 다시 상기시켰다. 그리고 봄과 가을 정기 모임에 불참하

거나 계원의 회비를 제때 내지 않을 경우는 중죄로 처벌하도록
했다. 여기서 중죄는 바로 계에서 빼거나 심할 때는 마을에서
쫓아내는 무시무시한 조치였다. 당연히 정말 그렇게 하지는 않
았다.

사계의 소속감을 계속 이어 가기 위한 이러한 강화한 조치
는 역설을 담고 있다. 그만큼 이러한 규칙들이 잘 지켜지지 않
았다는 사실이다. 활쏘기 규칙을 잘 지키지도 않으며, 회비도
내지 않으면서 정기 모임에 참여도 하지 않는 일이 가끔 있었다
고 합리적으로 이해할 수 있다. 사계는 활쏘기를 통한 무과 준
비와 계원들의 상호부조 가치를 이어 가기 위해 약속을 마련하
고 신뢰를 바탕으로 운영했다. 그렇지만, 이런 약속과 신뢰가
느슨해질 기미가 보이면 다시 모여서 신뢰를 위한 약속을 새로
만들고 모임을 이었다.

2

활을 내려놓고
붓을 든 사람들

선비들의 신의를 위한 연대

20세기 말, 새로운 세기에 대한 두려움이 있었다. 무언가 큰 감당하기 힘든 변화가 위기가 될 것이라는 알 수 없는 불안함이 있었다. 음악, 패션, 그리고 문학에 녹아든 이러한 모습을 '세기말 현상'으로 이름 붙이기에 이르렀다.

우주를 탐험하고, 태양을 관찰하고 날씨를 예측하는 오늘날에도 미래와 변화에 대한 불확실성이 있는데, 하물며 조선시대에는 하루하루가 불안했다. 그래서 언제나 주위 변화에 좀 더 민감할 수밖에 없었다. 여기에 덧붙여 조선은 성리학사회이다보니 공자가 말한 '중용中庸', 그리고 '시중時中'과 연결한 삶을 살기도 했다. 시중은 바로 세상의 변화에 따라가는 것, 즉 불안을 받아들이는 가르침이라 볼 수 있다.

서언이 길었지만, 방어리 사계의 계수와 계원들도 17세기 말 불안 속에서 시중을 생각했다. 1689년 4월 2일, 그들은 사계의 의미를 새로 합의하면서 설립 취지에 맞추어 활쏘기를 위한 의리를 엄격하게 강화했다. 한 발짝 물러서서 보았을 때 꼭 그렇게 해야만 했던 이유가 있지 않았을지 의심해 볼 수 있다. 바로, 무부들이 활쏘기와 상조라는 2가지 의리를 지키기 위해 조직했던 사계의 결속력이 예전만 못했기 때문은 아니었을까?

그렇다. 두 번의 전쟁이 끝나고 이제 벌써 새로운 분위기가 감지되고 있었다. 조선은 양반사회라고 한다. 바로 문과와 무과라는 국가 공무원 임용고시를 통해 고급 관료인 문반과 무반을 선발하고 이들 양반이 나라를 이끌어 갔다. 그런데, 예상하지 못했던 전쟁은 계획에 없던 변화를 만들었다. 바로 예전에는 엄격했던 무과 고시가 느슨해지고 선발 인원도 많아지면서 상민, 심지어 천민도 무과에 급제하는 일이 빈번했기 때문이다. 그래서 전쟁이 끝나자 무과 급제자는 문과에 비해 천해지고 심지어 무과에 급제했지만 관직을 못 받는 '한량閑良'이라는 명칭이 비속어로 여겨지기까지 했으니 더 말할 필요가 없다.

상황이 이렇게 되자 무부들이 모여 무과를 준비하기 위해 상부상조를 하던 사계에 위기가 감지되었다. 더 이상 무과가 아닌 문과가 필요하고, 적어도 숭무崇武보다는 우문右文의 분위기로 전환이 절박했다. 그래서 1689년의 사계 모임 분위기가 어수선하고 조금은 험악했는지 모른다. 마음이 모두 딴 곳에 가 있을 수 있었으니까. 이제 무부보다는 선비가 참여하는 모임이 필요했다. 이러한 전환을 위해 사계를 동계로 바꾸는 '중수' 작업이 이루어졌다. 그런데, 우연한 기회가 찾아 왔다. 그 기회를 만든 주인공은 바로 남구명이라는 인물이었다.

약조가 이미 이루어지자 다만 두 사람이 좌중에 "무릇 계는 신信을 귀하게 여기는데 믿음이 없으면 계라고 말할 수가 없다"고 말했다. 지금 우리의 계는 작은 것을 계기로 크게 만들고 옛것을 고쳐서 새롭게 그 절목을 정해서 윤색하고 규모를 갖추고 법식을 넓혔다. 길흉에 상조하는 것은 의義를 도탑게 하는 것이고 한잔 술로 서로 기뻐하여 기쁨을 펴는 것이다. 과녁을 설치하는 것은 덕德을 보고자 함이고 준엄한 벌은 오만함을 꾸짖는 것이다. 무릇 여러 가지 느슨하고 긴장하게 하는 도리는 법을 늘여 놓음에 하나같이 '신' 자로 하지 않

을 수 없는데….

—『계안 제7호契案第七號』, 「완의서完議序」

1698년(숙종 24) 10월 1일, 남구명이 사계를 동계로 새롭게 한 일을 기념하면서 지은 글이다. 그는 당시 시대가 요구하는 가치를 반영하여 사계의 '의리'를 '신의信義'로 바꾸었다. 그리고 이러한 노력을 선배들의 노력을 고쳐서 이은 것이라고 의미를 부여했다. 그래서 사계가 습사를 통해 함양하고자 했던 의리를 '덕德'이라고 보고 그 뜻을 신의라는 새로운 가치로 승화했다.

남구명의 중수 참여는 우연이었다. 사계를 주도하던 여러 마을과 가문 중 경주 이씨가 있었다. 남구명은 경주 이씨 집안의 사위로 방어리에 머물렀다. 이때까지만 해도 장가를 가기 때문에 장인의 집, 즉 처가에 일정 기간 거주했기 때문이었다. 남구명(1661-1719)의 호는 우암寓庵이다. 호가 있다는 사실로 볼 때 그는 유명했고, 조선시대에 유명하다는 말은 성리학에 조예가 깊은 학자라는 사실을 의미했다. 그는 경북 영해에서 태어나 1693년(숙종 19), 33세의 나이에 그 어렵다는 문과에 급제했다. 그리고 처가가 있는 경주 방어리 입구 호수 인근에 조그만 집을 짓고 몇 해 동안 독서에 열심이었다. 큰 인물은 세상을 유람하거나 잠시 자기계발을 하는 시간을 가진다.

남구명은 방어리에서 장인이 참여하고 있는 사계를 접하게 되었을 것이다. 그리고 무부들이 추구하는 의리가 더 이상 시대의 변화를 담기에는 어려움이 있다는 점에서 어쩌면 조금은 안타까운 마음이 있었을 것이다. 문과에 급제해서 시대가 요구하는 성리학적 지식이 높은 그로서는 사계를 새롭게 할 자신도 있었겠다. 망설이지 않고 실천에 옮겼다. 남구명은 무부들의 의리를 '덕'으로 평가하면서 새로운 가치인 신의를 제시하고 사계를 마을 선비들의 모임인 동계로 전환하는 계기를 만들었다.

의리 계승과 신의 약속

> 우리 상동계는 창설하여 지금 200여 년이다. 조심스레 우암 남구명이 지은 완의 서문을 살펴보니 '신信'이라는 한 글자를 으뜸으로 삼고 대의大義로 서로 돕는 것을 활동 방향으로 삼았다. 그리고 절목을 윤색하고 규식을 수정하고 넓혀 더할 나위 없이 좋다.
>
> ─『상동계안上洞契案』, 「완의문完議文」

위는 1841년 4월 15일, 방어리 동계에서 계를 상동계로 새로 명명하면서 모든 계원의 뜻을 모아 작성한 합의문, 즉 완의이다. 이 완의는 상동계의 전신을 동계라고 밝히고 있다. 19세기 중엽에 방어리에서 발견한 가치는 선비들이 신의를 가꾸는 아름다운 모임으로서 동계, 그것이었다. 그리고 이런 미풍을 현실로 만든 사람은 경주 지역에서 이름이 높은 선비 우암 남구명이라고 칭송했다.

문장의 뒷부분에 이미 있던 계를 새롭게 만들었다는 언급은 있지만, 그것이 사계라고 밝히지는 않고 200년이라는 시간을 강조했다. 이즈음 무부들이 과거를 위해 활쏘기 연습을 하는 사계를 만들었다는 서사는 그다지 아름답지 않았다. 중요한 사실은 성리학자로 이름 높은 남구명이 낡은 모임을 새롭게 윤색했다는 점에 있었다. 동계의 전통을 성리학에서 찾고, 이 시점에 동계의 자부심을 발판으로 여느 다른 마을의 그것과는 수준이 훨씬 높다는 의미에서 '상동계'로 승격했다. 바로 전통의 발견이고 그 중심 가치는 남구명이 강조한 계원 사이의 '신의'였다.

사계를 동계로 새로이 만드는 중수 과정에 얽힌 이야기는 어떨까? 사계가 동계로 전환된 시점은 1698년 10월 1일이었고, 그 주역은 남구명이었다. 그런데, 그에 앞서 사계와 동계는 방어리에서 동시에 작동하고 있었다. 1665년(현종 6)과 1679년(숙종 5)에 이미 동계가 있었고, 최우급, 한여호, 이민영, 이여훈 등은 사계와 동계 모두에 속한 계원이었다. 17세기 후반 방어리 주변에는 무부들이 모인 사계와 선비들이 모인 동계가 함께 있었고, 이들 동계와 사계의 계원은 서로 중복되어 있었다.

남구명이 동계로 새롭게 하면서 '신의'를 강조하고 '윤색'한

내용은 무엇일까? '신의'의 내용은 남구명이 윤색한 부분에서
알아챌 수 있다.

> 계원에서 제외해야 하는 죄에 해당하는 내용은 부모에
> 게 불효하고 얼자가 적자를 능멸하거나, 친족 간에 화
> 목하지 못하고 이웃 사이에 돈독하지 못했을 때이다.
> 큰 죄를 범하면 청주 1병과 큰상 하나를 낸다. 여기에
> 는 계의 연장자를 능멸하거나 무시하고, 어린 자가 어
> 른을 능멸하거나, 술에 취해 망언하고 맡은 임무를 다
> 하지 못한 잘못에 해당한다. 중죄는 청주 1동과 안주를
> 갖추어 낸다. 호상護喪에 참여하지 않거나 모임의 행동
> 을 함께하지 않거나, 계의 문서를 받고도 전달하지 않
> 거나 좌중에서 서로 비난할 경우이다. 미미한 죄는 모
> 든 사람 앞에서 질책을 받는데, 이유 없이 참여하지 않
> 고 모임에 늦게 도착하며 자리를 마음대로 떠나거나
> 앉아서 떠들었을 때가 해당한다.
>
> —『계안 제7호』, 「죄목罪目」

남구명은 '신의'를 지키기 위한 벌칙조항 중 가장 심한 것으
로 동계에서 제외시키는 벌칙인 '삭거削去'를 두고, 다음은 상·

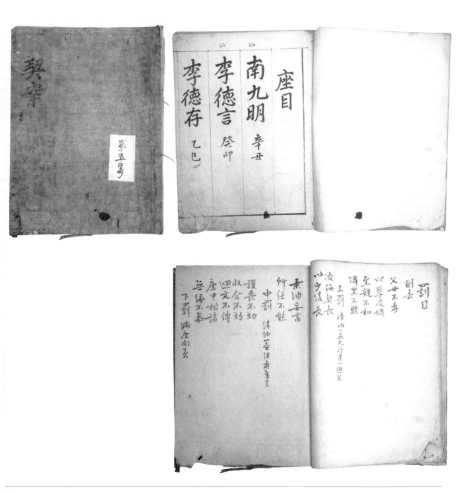

그림 15 방어리 동안 중수 결과, 『계안』

중·하로 나누어 계원들이 신의를 잃지 않도록 경계했다. 사계에는 삭거와 더불어 마을에서 쫓아내는 '손도損徒'가 있었지만, 너무 야만적이라는 인식에서 제외했다. 삭거에 해당하는 엄청난 죄는 효도와 관련한 내용으로 부모, 가족, 친족, 이웃 사이의 안녕을 해치는 행위였다. 그리고 큰 죄는 연장자 등 상대를 존중하지 않는 잘못이었다. 비교적 큰 잘못으로 여겨지는 것들은 크게 보면 삼강오륜三綱五倫이라는 유교적 가치에 뿌리를 두고 있었다.

비교적 가벼운 죄는 계원의 상례에 동참하지 않거나 계의 관리를 위해 함께 공유해야 할 내용을 전달하지 않는 행위를 했을 때 해당했다. 그리고 동계 활동에 동참하지 않거나 와서도 집중하지 않고 분위기를 흩트리는 계원은 미미한 잘못으로 야단을 맞는 선에서 합의했다. 이러한 가벼운 잘못에 해당하는 내용은 성리학적 가치를 지역사회에 뿌리내리는 목적을 가졌던 향약의 4대 덕목과 관련하여 이해할 수 있다.

삼강오륜이나 향약의 덕목과 같은 내용이 바로 남구명이 이야기하고 싶었던 사계의 의리를 윤색한 '신의'의 바탕이었다. 바로 가족 및 마을 사람들과 친하게 지내면서 기쁨과 슬픔을 함께 나누기 위한 신의를 가꾸는 일, 이것이 바로 방어리 동계의 핵심 가치였다.

'대기근', 참혹하고 안타까워라

방어리에는 사계, 동계 등이 있었고, 남구명이라는 성리학자 주도로 동계로 통합된 시기는 1698년이었다. 그런데, 이 시점이 아주 절묘하다. 흔히들 우리나라 역사에서 가장 힘들었던 시기가 언제인지 물으면 다음과 같이 이야기한다. 임진왜란 직후에 태어나 호란으로 청년기를 보낸 다음 대기근을 모두 겪고 세상을 떠난 사람이 제일 불쌍했다고.

사실 조선시대에는 17세기만 하더라도 병정·계갑·경신·을병 등 많은 대기근이 있었고, 연구에 의하면 3-4년에 농사에 흉황이 들고 10년에 한 번은 큰 기근이 닥쳤다고 한다. 놀라운 점은, '대기근'이 있었다면 '기근'은 놀랍지도 않다는 것인가? 하는 점이다. 어쨌든 이런 위기를 잘 헤쳐 가야 동계의 신의가 지켜질 수 있었다. 하지만, 이런 대기근, 그중에서도 을병대기근의 실상을 엿본다면 쉽지 않았을 것이라는 점을 금방 알 수 있다.

- 1695년 3월 15일. … 이 명문은 가난한 데다가 조상으로부터 물려받아 여러 해 동안 경작하던 땅을 이 같은 큰 흉년을 당해서 어쩔 수가 없어서….
- 1696년 5월 15일. … 이 명문은 이처럼 전에 없던 흉

년을 당해서 살아갈 도리가 어렵게 되었기 때문에 어쩔 수가 없어서 조상에서 물려받은 여자 종을….

— 한국고문서자료관 수록 영광 영월 김씨 및
경주 경주 최씨 고문서 중에서

을병대기근 사이에 토지와 노비를 사고파는 문서, 즉 매매 명문에 적은 흉년의 실상이다. 양반이든 노비든 간에 전에 없던 흉년과 기근으로 조상으로부터 물려받은 소중한 토지와 노비를 팔아서 목숨을 이어야 했던 상황을 잘 보여 준다. 이 문서는 그나마 팔 노비와 땅이라도 있는 경우이지, 그마저도 없을 경우는 꼼짝없이 굶어 죽을 수밖에 없었다.

참혹한 실상을 전하는 기록은 많다. 그중 숙종 초년에 암행어사로 지역을 정밀하게 관찰한 박만정(1648-1717)의 『해서암행일기』를 주목할 수 있다. 그는 1696년(숙종 22), 숙종의 특명을 받고 기근에 허덕이는 황해도 지역의 실상을 두 달이나 살폈다. 암행어사를 상징하는 마패, 박만정은 이것을 챙겨 황해도로 떠났다. 혼자가 아니라 수행원 서리 6명과 공용 차량 역마 4필을 대동하고 있었다. 숨길 수 없는 암행이었다. 그는 기근으로 인심이 각박해지고 민심이 이반하고 있다고 판단했다.

예전에는 여행하는 길손이 양곡을 지참하지 않았다. 오늘 이 일이 꼭 인심을 탓할 수는 없지만, 그래도 양식을 가지고 다니는 길손마저 홀대하니 너무 인정이 각박하다.

—『해서암행일기』, 4월 28일

여행자가 곡식을 지참하고 여행할 경우, 숙박의 편의를 제공하던 관행을 순박한 시절의 과거로 회상하고 있다. 흉년과 질병으로 삶의 여유가 없어지고 있는 상황을 보여 주는 일기이다. 박만정은 이러한 현실을 '푸대접'으로 생각하고 반발하기도 했다. 현장에서 확인한 양반을 대접해서 나중에 손해될 일이 없다는 분위기에도 불구하고 이런 현실에는 이유가 있었다.

갑자기 밖에서 들어오는 사람이 있어 주인이 "얻어 왔느냐?"라고 물었다. "한 되의 쌀과 한 푼의 돈도 모두 빌려오지 못했습니다"라고 대답했다. 주인이 탄식하며 "내일은 곧 굶어 죽을 것이다. 정말로"라고 고통스럽게 소리친다.

—『해서암행일기』, 4월 3일

어렵게 구한 숙소에서 목격한 현실이다. 집주인은 흉년으로 식량이 없자 아들을 읍내로 보내 곡식이나 돈을 구해 오게 했다. 이어지는 상황이 인용문이다. 이 가족은 시장에서, 혹은 주변의 지인으로부터 조금의 곡식은 물론 돈도 빌려오지 못하면서 내일은 굶어 죽을 것을 걱정하고 있다. 이런 모습은 박만정의 일기 곳곳에서 확인할 수 있다.

박만정이 암행어사로 파견된 시기는 경신대기근(1670-1671)과 을병대기근(1695-1696)과 직접, 혹은 간접적으로 관련이 있었다. 전자의 경우 인구의 거의 10%에 달하는 100만 명이 굶어 죽었다는 연구가 있으며, 후자는 그 피해가 더 심했다고 전한다. 기근이 이어진 연도의 간지를 빌린 것으로, 이러한 명사가 생겼다는 사실은 그 당시의 굶주림이 얼마나 참혹하였는지를 보여준다. 그리고 방어리 동계가 새롭게 출발한 해는 바로 을병대기근이 있고 얼마 지나지 않았을 때이다.

> 동내에 동계를 새롭게 한 뒤에 거듭 유행병, 흉환을 당해 무릇 규모를 이루지 못한 것이 많았다. 그런 가운데, 지난 오래된 폐단이 생겨 어쩔 수 없이 때에 맞추어 변통하지 않을 수 없다.
>
> —『동계절목책洞契節目冊』, 「완의完議」

동계에서 1749년(영조 25), 새로 결의한 「완의」 중 일부이다. 과거 동계를 중수한 다음에 질병과 기근 등이 계속 이어져서 운영에 많은 어려움이 있었던 사정이 있었고, 이 때문에 당분간 동계에서 정한 평화로운 마을을 위한 상호부조를 제대로 하지 못했다고 고백하고 있다.

갈등과 화해, 그리고 지속

방어리 동계는 가뭄과 기근, 그리고 여러 가지 외부에서 오는 변화와 더불어 계원 사이의 이해 차이로 발생하는 내부의 갈등에 항상 노출되어 있었다. 이를 위한 유연한 대응, 그것을 향한 동계와 계원들의 노력, 바로 동계의 상호부조나 그것이 주는 자부심이라는 호혜의 가치를 지키기 위한 협동이 있었다. 1698년 사계의 흡수를 전후하여 동계의 수정과 보완의 내력만 정리하면 최소한 10여 차례이다.

1665년 동계 완의와 절목 → 1685년 동계 완의와 절목 보완 → 1698년 완의 → 1702년 동계 기록 추가 →

1749년 동계 절목 → 1767년 절목 수정 → 1782년 절목
다시 수정 → 1802년 새 절목 → 1841년 상동계 완의
→ 1935년 상동계 절목 → 1953년 동계 인수인계 등

완의는 계원들이 모두 합의하고 결정한 내용이며, 예사로
절목이 따라오기도 한다. 절목은 합의한 방향에 일일이 적용할
사례를 나열한 문서이다. 이처럼 250년이 넘는 시간 동안 10회
나 넘게 완의와 절목을 함께 고민하여 고쳤다는 사실은 한 곳을
향하고 있다. 계원 간에 서로 생각이 다른 점이 있었고 그렇지
만 동계를 깨트리지 않으려는 노력을 기울였다는 것이다.

1698년, 동계를 중수할 당시의 절목은 기쁜 일과 슬픈 일을
계원이 함께하는 내용을 강조했다. 그래서 동계의 재산에 대한
관리, 살림 운영, 그리고 계원 관리 내용을 보다 구체적으로 나
열해 적었다. 동계의 재산이 늘어나자 관리도 세세히 적었다.

동계에서 갖추고 있는 가마, 자리 등의 물종을 계원이
아닌 사람이 빌리려면 그 값을 돈으로 내야 한다. 가마
는 1냥, 자리는 5전씩 한다. 그리고 가마를 장식하는
비단과 가죽 장식, 주렴과 자리, 방석, 깔개 등은 나누

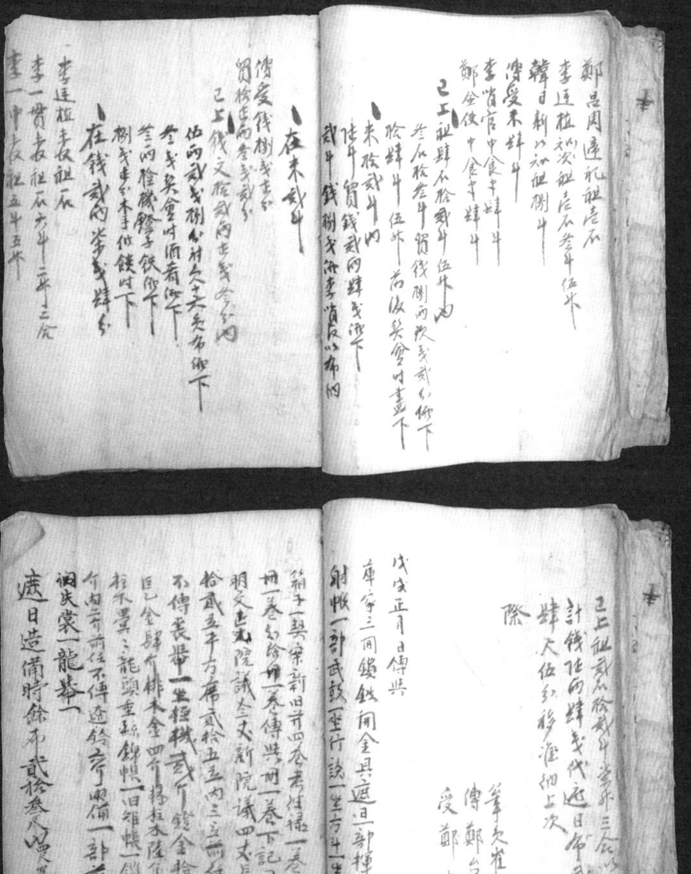

그림 16 동안에 기재된 공용자산 인수인계 현황

어 빌려주지 않는다.

―『계안 제7호』, 「절목節目」

　물품을 계원 전용으로 사용하도록 해서 소속감을 높이면
서 계원이 아닌 사람에게 돈을 받고 빌려주어 손상을 수리하거
나 새것을 사는 데 도움이 되길 기대했다. 그리고 가마를 빌려
줄 때는 장식품과 함께 빌려줘서 분실을 방지하고 관리를 엄격
히 했다. 이런 절목은 이전의 시행착오와 경험을 공유한 결과였
다. 시행착오는 사용 중 파손이나 분실로 인한 계원 사이의 오
해와 새로 갖추기 위한 비용을 생각하면서 생기는 갈등을 줄이
려 했던 노력이었다.

　1749년 절목에서는 계원에 대한 상사와 혼사에 관한 부조
횟수를 제한하는 등 변화가 있었다. 그리고 역시, 동계의 공유
자산에 대한 조목을 강화했다.

　장례 때 소용하는 상여, 잡물은 역이 끝나고 난 뒤 역군
이 모두 운반해 온다. 혜택을 받은 집으로부터 술 3병
을 받고 동계의 술 3병으로 역군에게 준다.

―『동계절목책』, 「완의」

장례 때 사용하는 동계 재산의 뒤처리와 함께 동원된 일꾼에 대한 대우에 관한 조치도 절목에서 보완하여 여기서 생기는 쓸데없는 갈등과 오해를 미리 차단하려는 조치였다. 그리고 동계의 재산을 효율적으로 관리하여 계원에게 도움이 되도록 이용료를 하나하나 제시했다.

> 가마+비단과 가죽 장식+주렴=1냥(가마 5전, 비단 장식 1전, 가죽 장식 3전, 주렴 1전), 햇빛 가리개 큰 것 7전, 작은 것 3전, 장막 1전, 상여 2냥, 돗자리 2건+방석 2건+깔개 2립+수놓은 방석 4립=1냥, 짚으로 만든 자리+짚으로 만든 방석=5전, 큰 쟁반 4립+둥근 쟁반+나무쟁반 4죽=3전, 관대+사모+각대+담는 상자=1냥 내(관대 2전, 상자 2전, 사모 1전 5푼, 각대 1전 5푼), 수놓은 방석 새것 3립 1전.
>
> —『동계절목책』,「완의-잡물비용정가完議—雜物備用定價」

혼례에 쓰는 가마와 그 장식품은 이용료가 1냥, 사모와 관대 일괄이 각기 오늘날로 쌀 1가마 정도에 해당하는 값이었다. 그리고 혼례에 필요한 병풍과 방석, 그리고 쟁반에 이르기까지 일일이 적었다. 18세기 중엽에 동계의 비품이 많아지고 대기근 이후에 인구가 증대하여 사용 빈도가 늘어나면서 관리에 주의를 기울여야 했다. 계원이 이용할 때 정확한 이용료 정산이 있어야 계회 때 불편한 분위기가 만들어지지 않기 때문이었다.

동계는 애초에 설립할 때 상호부조를 전제로 하면서 함께 이용할 공유자산으로 혼례와 상례에 필요한 가마와 상여 등의 많은 물품을 갖추었다. 동계 구성원이 늘어나고 비품도 많아지면서 이들의 이용과 관리에 있어서 계원 사이에 불필요한 의심이 생겼고, 의심은 갈등으로 번졌을 것이다. 그렇기에 정확한 비품 목록과 이용료 책정에 대한 계원의 만장일치 과정을 거쳐 화해를 만들었다. 이런 상호부조와 공유자산이라는 호혜의 가치를 위해 계원이 협동함으로서 동계는 지속할 수 있었다. 이것이 방어리 동계의 지혜였다.

동전, 상평통보와 일상생활

흔히 돌고 돈다고 해서 '돈'이라고들 한다. 이는 현대사회에 있어 돈, 즉 화폐의 폭넓은 유통성과 편리함을 말한다고 해도 좋겠다. 요즘은 동전, 지폐, 수표 등 다양한 화폐의 종류가 널리 이용되고 있다. 그러면 옛사람들이 이용한 화폐에는 어떤 것들이 있고, 또 우리가 생각하는 돈으로서 동전은 언제부터 사용했을까?

지금은 가상화폐도 등장했지만, 얼마 전만 하더라도 화폐라고 하면 돈으로 생각했다. 돈에는 지폐와 동전, 그리고 수표도 있다. 조선시대의 대표적인 화폐는 동전, 즉 우리가 아는 상평통보이다. 그런데 이러한 동전은 고려시대나 조선시대에 여러 번 국가에서 주조하여 유통하려 했지만 실패했다. 왜냐하면, 전국으로 유통시키기 어려운 유통망의 한계와 국가가 안정적으로 지급을 보증할 수단과 정책의 신용이 부족했기 때문이다. 동전이 유통되기 전에는 곡물이나 옷감을 주로 사용했는데, 여기에는 바로 바꾸어 먹거나 입을 수 있다는 확신이 있었기 때문이었다.

화폐로 이용한 곡물이나 옷감은 품질에 따라 차이가 있었다. 예를 들면 콩이나 보리보다는 쌀이 비교적 높은 가치로, 쌀 중에서도 도정 여부에 따라서 벼(租)와 쌀(米)이 차이가 있는 그런 식이었다. 그러던 것이 조선 숙종 4년(1678)에 이르러 비로소 '상평통보'가 주조되고, 18세기 초가 되면 전국 어디서나 동전을 화폐로 사용할 수 있게 되었다.

상평통보가 화폐로 유통된 시점은 경신대기근과 을병대기근이 있은 바로 뒤였다. 그리고 동전의 이름이 '전국 어디서나 같은 가치로 유통되는 보화'이듯이 어디서나 먹을 것과 입을 것을 살 수 있도록 한다는 정책에서 출발했다. 그렇다. 기근으로 음식을 구할 수 없게 되자 정부의 의지와 시장 유통망을 이용해 동전으로 기근을 극복해 보겠다는 뜻이었다. 동전의 유통이 기근을 해소한 것은 아니고 어쩌면 시간이 해결했는지 모른다. 하지만, 전국에서는 이제 곡물과 옷감보다 동전을 이용한 매매를 아주 편하게 여기면서 동전 생활로 바뀌었다. 이를 보여 주듯 17세기 중엽 사계에서는 곡물과 옷감으로 살림을 살았는데 18세기 동계에서는 비품의 관리나 계의 운영을 동전 중심으로 하고 있다.

동전 유통을 반영한 말들도 생겨났다. '상평통보'의 최소단위를 '문'이라 하고 1문은 달리 1푼, 또는 1닢이라고도 불렀다. 동전을 주조할 때 돈이 마치 나뭇가지의 잎처럼 달린다고 해서 엽전이라 부르고 가장 작은 단위를 푼과 닢으로 여겼다. 그래서 하찮은 돈을 '한 푼'이나 '한 닢'으로 부른다. 예전에 "한 푼 줍쇼!"나 "동전 한 닢"과 같은 말이 있었던 이유가 여기에 있었다. 그리고 1문의 10배가 1전이고, 1전의 10배가 1냥이었다. 그렇게 본다면 1냥은 꽤 큰돈이었다.

동전을 가지고 매매를 할 수 있다는 사실은 조선시대 사람들에게는 새로운 일이었다. 18세기 이후 동전은 더 이상 생소하지 않은, 삶에 녹아든 화폐였다. 그때 사람들의 생활은 오늘

그림 17 황윤석이 일생동안 기록
한 일기, 『이재난고』

날의 화폐 생활과 다름이 없을 정도의 모습이었다. 지금의 전북

고창군 흥덕면에 살았던 황윤석(1729-1791)이라는 유학자가 남

긴 일기에 이런 모습이 자세하다. 그는 8세부터 일기를 쓰기 시

작해서 운명하기 4일 전까지의 숨 쉬는 내용까지 모두 적었다.

황윤석은 생활하면서 있었던 모든 수입과 지출을 매우 자세하게 적고 있어 그의 일기는 오늘날의 가계부와 비교해도 차이가 없을 정도이다.

일기에 나타난 황윤석의 동전 사용범위는 넓다. 우선 한양에서 관직 생활을 하면서 소소한 지출을 모두 동전으로 해결했다. 녹봉으로 받은 쌀과 콩마저도 동전으로 바꾸고 있어 얼마나 동전이 편하고 일상에 녹아 있었는지를 보여 준다. 고향을 떠나 한양에 오는 길 주막에서도 하루 끼니에 5푼을 지출하였다. 서울에서 관직 생활을 하면서 하숙비로는 한 달 남짓한 기간 동안 5-6냥을 사용하였다. 책을 구입하거나 찾아온 손님에 대한 전별비, 약값, 담배값 등 생활의 전반에 상평통보가 함께했다.

소소한 생활비 외에 고가품을 거래할 때도 동전을 사용했다. 황윤석은 한양에서의 생활비 마련을 위해 자기 말을 40냥에 팔았다. 그리고 1785년(정조 9) 10월 10일에는 이복량이라는 인물로부터 콩밭 한 마지기의 밭을 5냥에 샀다. 그 크기가 150평 정도였기에 크게 비싼 값은 아니었다.

동전은 여행의 편의를 높였다. 그는 여행 중에 사용한 노잣돈에 대해서는 주막에서의 숙식비는 물론 길거리에서 산 빗값도 기록했다. 여행을 마친 후에는 여행 중에 사용한 내역을 정확하게 정산했다. 1769년(영조 45) 한 해 동안 황윤석의 경제 규모를 일기에서 확인할 수 있다. 그의 월평균 수입은 17냥 정도였으며, 생필품 구매 등의 생활을 위해 15냥가량 지출했다. 1년 총수입은 209냥이었고 지출은 182냥이었다.

17세기 이전 곡물과 옷감 등을 이용한 상품화폐 생활은 언뜻 보기에 물물교환처럼 보인다. 하지만, 얼마 전까지만 해도 "시장에 쌀 팔러 간다"라는 말이 있었을 정도로 그렇게 생소한 모습은 아니다. 그렇지만 상평통보의 유통을 계기로 18세기 이후에는 동전 우위의 경제생활로 정말 바뀌었으며, 그렇기에 개인은 물론 동계와 같은 조직의 살림에도 전환이 있었다.

갈고닦아 옛것을 잇다

17세기 중엽에 창립한 사계는 17세기 말에 동계로 승화되고 18세기 동안 마을의 크고 작은 일에 이바지했다. 마을 사람들은 동계에 계원으로, 아니면 주변에 있으면서 참여, 혹은 관찰로 함께했다. 동계가 200년이 넘는 시간 계속될 수 있었다는 사실로 볼 때 방어리 사람들은 갈등을 잘 녹여 냈으며 외부, 즉 국가나 다른 지역으로부터 오는 압박과 자극에 잘 대응했다고 생각하는 것이 합리적이다.

따라서 조선시대 사회의 모습을 시종 갈등, 반목, 대립 등과 같은 험악한 단어로만 묘사할 수는 없고 동계라는 호혜를 위해 협동을 실현했다는 사실을 떠올릴 필요가 있다. 방어리 동계는 18세기까지 열심히 계원들의 동고동락과 함께 성장하다가 19세기에 변화를 맞이하게 된다. 1841년 동계에서 계원들이 합의한 내용에 이런 변화가 조금 들어가 있다.

> 후의 사람들이 소홀히 해서 규약을 준수하지 못하는 것이 어찌 슬픈 일이 아니겠는가? 그래서 많은 사람의 뜻을 모아 무릇 여러 가지 편하게, 혹은 정확하게 하는 도리로 편의에 따라 계획을 세웠다. 절목의 조목은 예전의 것을 바탕으로 했다. 그런데 그동안 계에 손익이 있었는데, 다음부터는 잘 운영해서 바꾸지 말 일이다.
>
> ─『상동계안』, 「완의문」

18세기의 활발한 활동 이후 19세기에 접어들면서 동계가 시들해진 분위기를 은근히 보여 주고 있다. 규약이 잘 지켜지지 못하고 있던 실상에 계원들이 공감하면서 예전에 혼례와 상례에 서로 도와주는 가치를 잘 계승하는 조목을 시대에 맞추어 조정했다. 다만, 계가 잘 작동하지 못한 이유를 '손익'에서 찾아 비품과 곗돈 운영에 문제가 있었음을 강조하기는 했다.

19세기 지역사회는 18세기 마을의 자율성이 작동하던 분위기와는 달리 관청의 개입이 증대하고 있었다. 국가에서 지방정부에 여러 명목의 세금을 만들어서 거두어들이자, 지방정부는 마을 단위로 흔히 말하는 삼정을 비롯한 각종 잡세를 부과했다. 마을에서는 이제 관청으로부터 할당받은 세금을 마련하기 바빴고, 그러다 보니 동계가 그 수단이 되면서 더 이상 호혜를 기대할 수 없었던 계원의 이탈이 있었다. 교과서에서 흔히 적고 있는 19세기의 난맥상이 모두 방어리 동계에 실현되었다.

동계의 절목은 기존 19개에서 6개로 대폭 축소되었다. 19세기적 실상에서 동계의 영향력과 결속이 약화하면서 위상이 하락한 실상을 보여 준다.

> 1. 유사 한 명은 부지런하고 성실한 사람을 골라 뽑되 한 해마다 바꿀 것.
> 1. 계의 돈이 혹시 부족한 폐단이 있으면 유사가 일일이 독촉해 받을 것.
>
> —『상동계안』, 「완의문」

곗돈을 잘 거두고 관리해야 하는 유사의 책무가 무거웠다. 왜냐하면, 경주의 관청에서 각종 세금을 징수할 때 간혹 마을과 연결된 동계에 책임을 물었기 때문이다. 그래서 동계의 유사를 서로 하지 않으려 했기에 한 해만 담당하도록 했던 것이다. 그리고 동계의 성격이 예전에 노동과 물력으로 상호부조를 목표로 하던 데에서 곗돈의 관리와 이용 중심으로 점차 바뀌기 시작했다. 그 단서는 동계의 '계'가 예전 '계契'에서 '계稧'로 바뀐 부분을 잘 보면 알 수 있다. 대체로 한자에 '벼 화禾'가 들어가면 돈과 관련이 있다.

> 계는 '의'를 주로 하고 먹고 마시는 것이나 이익과 상업에 집중하지 않았다. 오직 덕업을 서로 권하는 데 있었는데 … 최근 세상이 더럽혀져서 윤기가 손상되었으니….
>
> —『상동계안-병자 3월일上洞契案—丙子三月日』,「절목節目」

1936년 일제강점기에도 동계는 끊어지지 않고 있었다. 이 시기는 흔히 말하는 일본 제국주의에 의한 민족말살정책으로 아주 엄혹한 시기였다. 그런데도 방어리 동계는 맥을 끊지 않고 이어 가려고 노력했다. 무엇보다 동계가 곗돈을 마련하고 이를 바탕으로 이자놀이를 하는 수단으로 흐르는 세태를 안타까워했다. 그래서 예전 동계가 창립될 당시처럼 사람들이 서로 돕는 마음을 기르는 수단이 되길 소망했다. 엄혹한 강점기의 역설이었다.

방어리 동계는 19세기와 20세기에 외부의 위기와 압제로 인해 어려움이 컸다. 이에 1652년, 사계를 창립하고 1689년, 동계로 승격하는 과정에서 사람들끼리 의리와 신의를 바탕으로 지향했던 상호부조의 가치를 주목했다. 어려운 시기일수록 계의 가치를 다시 발견하고 그 속에 담겨 있는 호혜와 협동의 가치를 잃지 않으려는 노력에 주목할 만하다.

3

나무 심는 마을,
갓뒤마을

숲이 품은 이야기

경주에는 숲이 많다. 기록을 확인하면, 신라시대부터 경주의 숲은 많은 이야기를 품고 있었음을 확인할 수 있다. 먼저, 예로부터 우리나라는 '동국東國'이라 하여 다분히 중국 중심의 세계관에서 동쪽에 있는 나라로 지칭되기도 했다. 하지만, 이와 더불어 '계림鷄林'도 널리 사용되었다. 이 계림은 바로 혁거세와 함께 신라의 또 다른 시조인 김알지와 관련이 있다. 『삼국유사』는 탈해왕(?-80) 때 있었던 김알지 단생 설화를 수록하고 있다.

8월 4일에 호공이 밤에 월성 서리를 걸어가는데, 크고

그림 18 경주 계림, 한국민족문화대백과사전에서 전재

밝은 빛이 시림(혹은 구림) 속에서 비치는 것이 보였다.
자줏빛 구름이 하늘로부터 땅에 뻗쳤는데 그 구름 속
에 황금의 상자가 나뭇가지에 걸려 있고, 빛이 그 속
에서 나오고 있었다. 또 흰 닭이 나무 밑에서 울고 있
었다.

—『삼국유사』권제1, 김알지 설화 중에서

석탈해의 명을 받은 호공이 65년 8월 4일, 현재 반월성 인근의 숲속에서 신비한 체험을 한 내용이다. 그리고 석탈해는 황금상자 속의 아이를 발견했다. 시림, 혹은 구림으로 불리던 현장은 이 사건 다음부터 계림으로 불리면서 우리나라의 대명사가 되었다. 숲속에서 닭 울음과 함께 황금(金)상자에서 태어나 성을 김, 아기였기에 알지(閼智), 그래서 김알지이다. 이 이야기는 또한 알에서 태어나 몸에서 광채가 나는 박혁거세와 상자를 열고 나와 까치의 호위를 받은 석탈해의 설화와 절묘하게 섞여 있다. 창의적인 부분은 숲과 얽혀 있다는 점이다.

계림 말고도 숲에 얽힌 이야기가 있다. 경주 시내로 가는 입구에는 천경림이 있다. 이 숲은 이차돈(506-527)이 불교 공인을 위해 법흥왕과 짜고 사찰 건립을 시도했던 그곳이었다. 이차돈이 죽으면서 꽃비가 내리는 기적이 일어나자 그의 죽음은 순교로 인정되고, 이를 계기로 천경림을 일부 밀어내고 흥륜사를 지었다. 지금도 숲이 넓게 있다. 어떤 연구자는 이 이야기를 불교가 들어오기 전 토착 신앙이 머물던 공간이 천경림이었고, 이곳에 절을 짓고자 한 신흥 종교 불교와의 갈등이 이차돈의 순교 이야기로 빚어졌다고 해석하기도 한다. 어쨌든 경주 숲의 신비와 이야기를 더하는 좋은 소재이다.

경주 시내 외곽에는 많은 숲이 있다. 자세히 들여다보면, 사방에 숲이 조성된 사실을 알아차릴 수 있다. 그중에서도 경주 시내에서 안강, 포항 쪽으로 가는 길에 아주 큰 숲이 있다. 바로 황성공원이다. 황성공원은 아름드리나무들로 꽉 차 있어 숲을 거닐고 있으면 머리가 맑아지고 가슴이 열린다. 그리고 나무가 뿜어내는 세월의 향기는 이곳이 범상한 숲이 아니라고 상상하기에 충분하다. 신라 26대 진평왕(?-632) 때 이야기이다.

> 김후직이 병들어 죽게 되자 자기의 세 아들에게 말했다. "내가 신하가 되어 임금의 단점을 바로잡지 못했다. 아마 대왕께서는 놀고 사냥하는 것을 그만두지 않을 것이고, 나라가 망할 것이다. 내가 이것이 근심되어 죽어서도 꼭 임금을 깨우쳐 주려 한다. 그러니 나의 시체를 대왕께서 사냥 가시는 길옆에 묻어 두거라." … 뒷날 진평왕이 사냥 가는 길에 어슴푸레 소리를 들었다. 마치 "가지 마소서!"라고 하는 듯했다. 왕이 두리번거리면서 "어디서 나는 소리인가?"라고 주위에 물었다. 시중하는 사람이 "이찬을 지낸 김후직의 무덤에서입니다"라고 말하고 김후직이 죽을 때 남긴 말을 전해 주었다.
> ─『삼국사기』, 「열전」에 수록된 김후직 이야기 중에서

그림 19 《집경전구기도》, 〈경주읍내전도〉, 국립고궁박물관 소장

황성공원 인근에서는 '간묘(諫墓)'가 있다. 이 무덤의 주인공은 김후직(생몰년 미상)으로 알려져 있다. 그의 묘가 간묘, 즉 신하가 임금에게 충언을 아뢰는 무덤 이야기로 만들어진 배경이 있다. 김후직은 왕족으로서 두 번째 높은 관직인 이찬으로 병부령을 역임한 인물이었다. 그런데, 당시 왕이었던 진평왕은 오늘날 황성공원 인근의 숲에서 사냥하는 것을 너무 좋아해서 정사를 잘 돌보지 않았다고 한다. 이때가 얼마나 중요한 시기였는지는 삼국통일을 생각하면 금방 답이 나온다.

김후직은 나라의 앞날을 생각하며 진평왕에게 여러 차례 사냥을 줄일 것을 아뢰었지만 끝내 받아들여지지 못하고 죽음에 이르렀다. 인용문의 이야기는 그가 죽음에 앞서 자식들에게 남긴 유언부터 시작한다. 죽어서라도 진평왕의 사냥 습관을 고치고자 왕이 황성공원을 지나 사냥을 가는 길에 자신을 묻어 달라고 했다. 아니나 다를까 그는 죽어서도 진평왕에게 간언을 해서 왕을 뉘우치게 했다. 그래서 김후직의 묘를 후대 사람들이 간묘라고 불렀다. 물론 신라 사람들이 만들어 낸 이야기이겠으나, 황성숲을 좀 더 의미 있게 만든다.

계림과 천경림은 신라가 건국되고 불교를 받아들인 다음 삼국통일을 꿈꿀 때의 이야기와 관련한 숲이다. 황성공원과 간묘는 삼국통일을 이루기 위해 잇따라 나타났던 많은 충신을 대표하는 이야기와 관련이 있다. 이처럼 경주의 숲은 신라의 역사와 함께하고 있다. 그렇지만 숲의 이야기가 이 시대에 갇혀 있는 것은 아니다. 술과 사람이 어울리면서 더 많은 이야기가 계속 만들어졌다.

숲이 많은 경주

경주에는 숲이 많다. 지금은 도시개발로 많이 바뀌었지만, 경주 시내를 중심으로 사방에 숲이 둘러쳐 있는 모습을 볼 수 있다. 여기에는 다 이유가 있었다. 시내에는 주위의 산과 그 사이를 흐르는 형산강, 북천이라 불리는 알천, 그리고 남천, 또 동천도 있다. 예전에 그린 경주 지역의 지도를 보면 경주를 둘러싼 강이 잘 묘사된 점을 바로 알 수 있다. 이쯤 되면 숲이 많은 이유에 대한 짐작이 가능하다.

산과 강 사이 저지대에 있는 도시라고 한다면 먼저 홍수를 걱정해야 한다. 우리나라는 지금은 예측이 조금 어렵지만 대개 여름 장마가 무섭다. 그래서 그런지 경주는 홍수로 인한 피해 이야기가 많다. 『삼국사기』 기록을 꼼꼼히 살펴서 연구한 결과에 따르면 경주는 27.9-28.8년마다 한 번씩 큰 홍수가 있었다고 한다. 시내가 물에 잠기는 수준 정도는 되어야 큰 홍수라고 할 수 있다.

홍수의 원인은 대개 북천과 관련이 있었는지 강둑 인근에 나무를 심어 숲을 조성해서 대비했다. 경주에 있는 강에 대한 관리는 고려시대에도 이어졌다. 북천의 범람을 막기 위해서 고려 현종 재위 때(1009-1031) 경상도는 물론 전라도와 충청도의 군인을 동원한 대대적인 제방 보수가 있었다. 북천에 돌로 축대를 쌓은 다음 나무를 심어서 숲을 가꾸었다고 한다. 조선시대에 이르면, 1670년(현종 11)에 간행한 경주를 대표하는 인문지리 정보지 『동경잡기』에는 이 사실을 중요한 내용으로 수록하고 있어, 고려시대 북천에서 있었던 역사는 하나의 전설로 남은 사실을 알 수 있다.

나무와 돌로 된 높은 둑은 고려시대부터 유지되었는데 지금 다시 수리하고 고치니 때는 정해년이다. 이를 계기로 형세를 따라서 잘 인도하여 물은 옛길을 따라 흐른다.

ㅡ 북천의 제방을 보수한 내용을 적은
「알천제방기적비」 내용 중에서

1707년(숙종 33), 북천의 부실한 제방을 보수한 사실을 기념하여 바위에 새긴 글귀이다. 이곳은 북천의 초입으로, 현재의 보문단지에서 쏟아져 오는 물길을 감당해야 하는 요충지였다. 여기가 범람하게 되면 물길이 경주읍성이 있는 읍내로 바로 흘러가는 문제가 있었다. 기록에서는 북천의 범람으로 경주 시민이 물고기가 될 정도로 고통이 아주 심했다고 자주 적고 있다. 그래서 고려시대에 제방을 보수했던 일을 전통으로 인식하고 관청과 주민의 협동으로 강둑을 새로 쌓았다. 제방을 보호하기 위해 강둑에 숲을 조성했을 것이다. 아마도 물을 좋아하는 수종을 심어 숲에도 도움이 되고 또 비가 많이 올 때 제방을 튼튼히 하는 두 가지의 좋은 점을 바랐을 것이다.

자연과 어울려 살기 위해 숲을 조성하고, 숲이 있기에 홍수의 피해를 막을 수 있었다. 예나 지금이나 모두가 아는 사실이다. 그런데, 이 숲의 나무를 베고 경작하려는 무리가 나타나면서 시끄러워졌다.

동천리의 수해로 인해 피해를 입은 지 오래되었다. … 돌을 쌓아 제방을 만들고 나무를 심어서 비보로 삼았다. 숲은 5리나 뻗어 있어 수해의 근심을 피했고 … 다시 석축이 무너지고 물이 빨라지고 사나워져 해마다

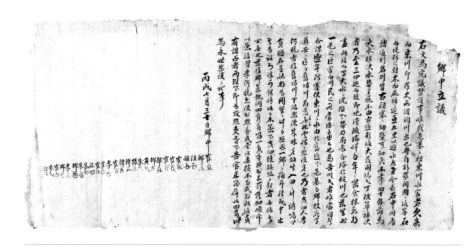

그림 20 동천의 숲을 보수한 기록을 정리한 『향중입의』

한국국학진흥원, 『慶州李氏 楊月門中 古文書資料集成』, 2009, 72-73쪽에서 재인용

숲을 갉아 먹어 들어간다. 만일 숲이 거의 다 무너진다
면….

— 북천 제방 보수를 기념하여 작성한 「향중입의」 중에서

　　1646년(인조 24), 동천의 제방을 보수한 역사를 기념하여 경
주의 유력한 인사들이 모여서 의미를 되새기면서 작성한 문서
내용의 일부이다. 동천의 제방을 허물고 경작을 위한 토지를 개
간한 몇몇 사람의 잘못을 질책하고 사람들의 여론을 모아 나무
를 가꾸는 행동에 돌입한 내용이다. 동천은 물줄기가 자주 범람

하는 취약한 곳이었다.

동천이 가지는 의미가 중요하므로 경주의 유력 인사들은 강의 제방을 돌로 튼튼히 쌓는 정성을 기울였다. 이곳에 5리, 즉 거의 2킬로에 이르는 긴 거리에 나무를 심고는 그 의미를 '비보庇補'로 부여했다. 비보는 인간이 자연과 더불어 걱정 없는 삶을 살기를 소망하는 풍수지리에서 나온 말이다. 인간을 둘러싼 자연 중 부족한 부분을 감싸고 채워 준다는 의미에서 비보이며, 이것을 위한 숲으로 비보림을 조성하였다.

경주는 강과 산으로 둘러싸인 비교적 낮은 지대에 해당했다. 그래서 홍수의 위험이 언제나 있어 불안했기에 강둑을 잘 정비하고 그 주위에 강과 어울리는 나무를 심어 숲을 가꾸었다. 경주 사람들은 이 숲을 중요하게 여겨서 훼손을 금지하고 보고했으니, 경주는 당연히 숲이 많을 수밖에 없었다.

논호쑤와 말림갓

경주에서 포항으로 가는 길목에는 황성공원이 있다. 이 황성공원은 주민들의 휴식처로서 충분한 도움을 주고 있다. 황성공원의 숲과 주변의 마을은 이야기를 품고 있다. 먼저 이 숲에

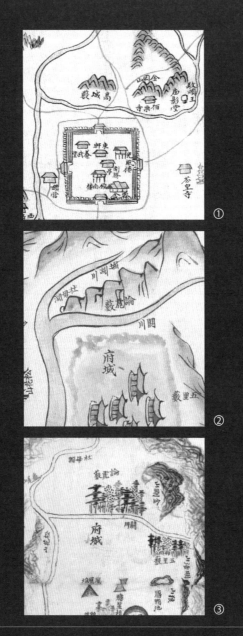

그림 21 경주 고지도에 표기된 황성숲 일대

① 《해동지도海東地圖》,〈경주慶州〉; ② 『경상도읍지慶尙道邑誌』,〈경주〉; ③ 『영남읍지嶺南邑誌』,〈경주부신라고기지도慶州府新 羅古基之圖〉

얽힌 조선시대의 몇 가지 기록을 살펴보자.

앞의 지도를 보면 1750년(영조 26)에 작성한 ①《해동지도》에는 북천 위쪽에 고성수를 묘사했다. 이를 계기로 1833년(순조 33) 편찬한 ②『경상도읍지』와 1894년(고종 31)의 ③『영남읍지』에는 북천 강변의 논호수를 잘 그렸다. 이 외에도 1682년(숙종 8)부터 1688년(숙종 14) 사이 제작한 《동여비고》의 경주 부분에는 북천 인근에 북수北藪, 비보수裨補藪가 묘사되어 있으며, 1798년(정조 22) 정조의 명으로 그린 〈경주읍내전도〉에는 경주의 숲을 묘사하면서 북천 강변을 따라 고성과 서천에 이르는 논호수가 묘사되어 있다. 그리고 20세기 초반의 근대 지도에는 논호수에서 고성숲을 지나 동편의 금강산에까지 숲이 이어져 있다. 이처럼 1970년대 황성숲인 논호수는 말림갓으로 인근의 여러 숲이나 마을과 관련이 있었다.

> 황성쑤는 황성숲, 호림虎林, 호림숲, 고성림, 고양쑤, 고양숲, 논호쑤로 일컬어지며 임정쑤와 연해 있었으며, 유림은 갓뒤 서쪽 북천가에 있으면서 논호쑤의 아래가 되었다.
>
> ─ 한글학회, 『한국지명총람』 5, 한글학회, 1979, 199-200쪽

갓뒤마을 인근에는 임정숲, 유림과 함께 황성숲과 같이 크고 작은 숲이 펼쳐져 있었고, 황성숲은 고성숲, 논호숲 등으로 일컬어지고 있었다고 하고 있다. 갓뒤마을 인근 황성숲에는 또 다른 이야기가 숨어 있다. 논호숲과 관련해서이다. 『삼국유사』에는 신라 원성왕(785-198) 때 김현이라는 인물과 호랑이와의 사랑 이야기가 있다.

> 김현이 칼을 들고 숲속으로 들어가니 도망가던 범이
> 낭자로 변하여 반겼다. … 말한 다음 김현의 칼에 스스
> 로 목을 찔러 죽으니 범으로 변했다. … 김현이 죽을 때
> 이 이상한 이야기를 글로 적어 세상에 전했다. 그래서
> 세상에서 이 숲의 이름을 논호림이라고 한다.
> ─『삼국유사』 권제5, 김현과 호랑이의 사랑 이야기 중에서

이야기인즉 경주 시내에 살던 귀족 김현이 늦은 밤 탑돌이하다가 우연히 만난 여인과 이루어질 수 없는 사랑을 나누었는데, 그녀는 수천 년 묵은 호랑이였으며, 호랑이가 사랑하는 낭군을 위해 목숨을 바쳤다는 것이다. 김현의 출세를 위해 시내에서 호랑이로 난동을 부리다가 스스로 죽음에 이른 슬픈 설화이다. 이 사연을 마음 깊이 간직했던 김현은 세상에 이야기로 남

겨 전하면서 그 숲이 논호림, 즉 논호쑤가 되었다는 내용이다.

논호쑤, 즉 황성숲이 있는 황성공원은 갓뒤마을과 관련이 있었다. 그리고 '말림갓'이라는 말이 있다. 표준국어대사전에는 다음과 같이 이 단어를 정의한다.

산의 나무나 풀 따위를 함부로 베지 못하게 단속하는 땅이나 산. 나무갓과 풀갓이 있다.

그림 22 마을회관 앞《갓뒤유래비》

즉 나무와 풀이 있는 수풀로, 신경을 기울여 보호하는 지역을 말림갓으로 생각할 수 있다. 그리고 '갓'은 나무나 풀인데 대체로 나무를 말한다. 한자로 쓴다면 임수林藪, 혹은 지枝 즘음 되지 않을까 한다. 경주 시내 황성숲 인근에는 갓뒤마을이 있다. 마을 회관 앞에 있는《갓뒤유래비》에서는 다음과 같이 적고 있다.

갓뒤는 말림갓인 고성숲의 뒤에 있는 마을로 약 700년 전(고려말)부터 마을이 형성되었다. 고성숲 뒤이므로 숲을 지枝로 뒤를 북쪽으로 보고 '지북枝北'이라고 불렀다.

갓뒤마을은 말림갓인 고성숲의 뒤, 즉 북쪽에 있어 한자로 지북동이라고 부른다는 내용이다.

우리말로 갓뒤마을일텐데 조선시대에 한자로 표기해야 하므로 지북동이 되고 때로는 이것이 좀 더 있어 보이는 느낌이 있었다. 갓뒤마을에서는 조선 후기에 동계를 조직했으며, 관련한 문서가 고문서『지북동계枝北洞契』로 남아 있다.

고성숲은 바로 오늘의 황성숲이며 이 일대에 여러 숲과 이어지면서 아름다운 모습을 연출했을 것이다. 이 숲은 잘 가꾸고 관리되면서 땔감을 주변 마을에 제공했을 것이다. 그래서 이 말림갓 황성숲의 뒤쪽, 혹은 북쪽에 갓뒤마을이 있었으며, 이 마을에서는 18세기에 숲을 가꾸는 동계가 작동하고 있었던 것이다.

나무를 함께 심는 마을

갓뒤마을, 즉 지북동은 논호쑤를 비보림으로 삼고 북천의
범람을 막고 이 쑤(숲의 방언)에서 나오는 혜택을 누릴 수 있었
다. 이러한 숲이라는 공유자산을 함께 누리는 호혜를 위해서는
마을 구성원의 협동이 필요했다. 그래서 조선 후기 다른 마을에
서도 그렇듯이 갓뒤마을도 동계를 만들고 있었다. 이름하여 '지
북동계'이다.

지북동계의 활동은 다른 마을처럼 기쁨과 슬픔을 함께 나누
는 상호부조의 약속을 향하고 있었다. 그리고 또 하나 중요한 남
다른 활동이 있었으니, 바로 마을 주변에 나무를 심는 것이었다.

마을의 북쪽이 공허하여 터가 부족한 부분은 일찍이 지
사들이 한탄하던 내용이었다. 생각하니 우리 마을 사
람들이 안타깝게 생각하지 않음이 없어서 일찍이 식송
植松해서 북쪽의 빈터를 막고자 한 지 오래되었다. 그런
데 심을 곳이 모두가 주인이 있는 땅이라 함부로 할 수

그림 23 갓뒤마을 동계에서 나무 심기를 결의한 내용을 담고 있는 입의

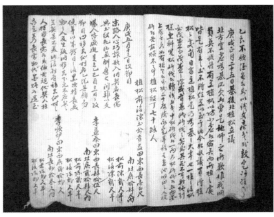

없었다. 지금 와서 비로소 뜻을 모아서 땅을 사서 오늘 모두 나아가 나무를 심으니 바로 마을에 큰 다행이다.

―『지북동중절목枝北洞中節目』, 「경술 정월 25일 기후북식송입의庚戌正月25日基後北植松立議」

갓뒤마을의 모임은 1730년(영조 6), 영조가 재위한 지 6년이 되던 해의 새해 첫 달 25일에 있었다. 이날 동계의 총회를 열어 계원들이 모여서 현안으로 삼은 일은 마을의 환경개선을 위해 나무를 심는 것이었다. 모두가 공감하는 불편한 마음이 있었기 때문이었다.

오래전부터 이 마을 입지에 대해 아쉬운 부분을 이야기하는 마을 사람과 외부 인사들의 이런저런 이야기가 있었다. 갓뒤마을은 경주에서 안강, 포항으로 가는 길목에 있으면서 이곳까지 큰 벌판이 이어져 통행량이 많았다. 그래서 강산의 모양과 어우러진 풍수를 보아 집터와 못자리를 봐주는 지사地師들이 마을 북쪽의 기운이 부족하다고 지적하곤 했다. 그도 그럴 것이 우리는 역사적으로 '배산임수', 즉 뒤로는 산이 있고 앞으로는 물가가 있는 곳에 살면서 볕을 받으며 포근한 분위기를 좋아했다. 그런데, 갓뒤마을은 읍내에 있어 이런 조건을 갖추지 못했다. 뿐만 아니라 남으로는 읍성이 있어 의지할 만했지만, 북쪽은 강과 들판이 펼쳐져 있었기에 이 말을 들은 사람들은 왠지 불안했다.

마을 남쪽에는 논호쑤, 즉 황성숲이 있어서 산처럼 의지할 수 있으니 북쪽으로 널리 펼쳐진 들판이 주는 불편함을 막을 필요가 있었다. 그래서 지사의 조언에 따라 나무를 심어서 땅의 기운을 보완하려 했다. 그러나 어려움이 있었다. 나무 심기 좋은 위치에 임자 있는 땅이 있어 기부받기도 곤란하고 그럴 수도 없었다. 그래서 동계에서는 기금을 조성한 다음 비로소 땅을 사서 얻고 바야흐로 이날 나무 심기에 나서기로 만장일치로 결의하게 되었다. 표현은 '식송植松'으로 소나무를 심는다고 했지만, 여러 수종을 함께 심는 나무 심기 운동이었다.

나무를 심는 모습은 상상할 수도 있지만 읽을 수 있는 기록이 있다. 동계에서 노동력을 함께 제공하는 울력을 작동하고 있었다. 울력 방법은 나무 심기를 결의하기에 앞서 1725년(영조 1) 동계에서 정한 절목에 자세하다.

1. 토역土役을 할 때는 새벽에 각각 점심, 소쿠리, 지게, 삽 등의 물건을 지니고 일하는 곳에 와서 점고하고 일한다. 만일 결석한 자가 있으면 관에 알려 처치한다. 집 지을 재목을 운반할 때는 각각 사람과 말을 내어 옮겨 주고, 논을 만들려 할 때는 울력과 같다. 그러면 주인이 술과 안주를 장만하여 낸다.

『지북동중질목』, 「을사 10월 염8일 절목개수乙巳十月念八日節目改修」

'울력'이라는 말이 있다. 지금은 거의 잊혔는데, 마을 사람들이 모여 함께 일을 도와주는 것을 말한다. '토역'은 울력을 말한다. 갓뒤마을 동계는 혼례와 상례에 서로 도움을 주는 상호부조의 범위에 이러한 울력도 담고 있었다. 동계의 노동력이 필요한 계원에게는 울력을 작동하고 새벽에 각기 필요한 소쿠리, 지게, 삽 등의 농기구를 가지고 어딘가에 모여서 도움을 주었다. 그런데, 이런 울력이 만일 관청에서 지시한 부분에 대한 의무로 이루어질 경우에는 상습적으로 불참한 계원을 통보하기도 했다.

노동의 규모가 커질 때는 그에 맞는 동계의 지원이 있었다. 예를 들어 집을 수리하거나 짓는 울력에는 계원이 자기의 말을 지원하고, 밭을 논으로 만드는 것과 같은 큰일에도 동계의 울력 도움이 있었다. 그런데 이런 큰일이 있을 때 혜택을 받는 사람은 동계나 계원들에게 술과 안주로 한턱을 내는 것이 인지상정이었다. 고마운 마음을 숨기지 않아야 함께 어울려 계속 잘 살수 있다.

1730년 정월 25일, 갓뒤마을 동계는 마을에서 오랫동안 품어왔던 계획을 실천에 옮겼다. 그것은 빈터의 땅을 사서 나무를 심는 역사였고, 이를 위해 동계의 울력을 작동하여 계원들이 각자 필요한 농기구를 가져와 함께했다. 일하는 중간중간, 혹은 나무 심기가 끝나고는 크게 마을 잔치가 열린 모습을 상상할 수 있다.

나무를 심은 사람들

동장 손(서압), 존위 배두정(서압), 공사원 이덕신(서압),
유사 김일직(서압)
— 『지북동중절목』, 「경술 정월 25일 기후북식송입의」

이 사람들이 갓뒤마을에서 나무 심기를 주도한 이들이었다.
1730년 정월 추운 날, 갓뒤마을 사람들은 오랫동안 나무를 심고
싶었던 땅을 사들인 바로 그날에 모두 모여서 그 땅에 나무를
심었다. 나무가 잘 살았을지는 조금 궁금하기는 하지만, 그만큼
마을 사람들 모두가 간절했다고 여겨진다.

잠시 생각해 보면, 사실 마을 북쪽의 기가 허하다는 지사
의 가스라이팅으로 마을 주민들의 걱정이 늘었는지도 모른다.
18세기 중엽 시점에 지사의 말과 풍수에 대한 믿음이 컸던 점은
사실이다. 어쨌든, 마을을 위태롭게, 그리고 사람들을 불안하게
하는 요소를 제거하기 위해 움직인 갓뒤마을의 리더들이 있었
다. 나무 심기에 앞장선 사람들은 바로 동장과 존위 등 마을의
원로들이었다. 이들은 어떤 사람들이었을까?

나무 심기를 주도한 인물들은 각기 성이나 이름을 쓰고 오
늘날의 서명에 해당하는 '서압'을 했다. 1750년 절목에 보면 이

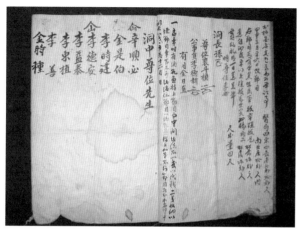

그림 24 1750년 동계의 절목 수정을 주동한 인물 중에서 배두정 기록(위)과 동계의 전임자를 기록한 『상임선안』의 좌목 첫 페이지에 있는 배두정 등의 기록(아래)

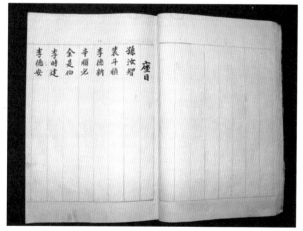

들 이름 아래에 모두 다른 개성을 살린 서압을 확인할 수 있다.

여기서 서압이란, 조선시대 사람들이 자기의 이름자를 변형하여 만든 자기 증명 수단으로, 통상 글을 읽고 쓸 줄 아는 지식인은 서압을 사용했다. 도장, 특히 붉은 도장은 일제강점기에 들어온 일본 문화였다. 여성의 경우 검은색 도장, 즉 도서圖書를 사용했다. 그렇다고 자기의 이름을 새긴 것은 아니고 배우자의 이름과 함께 자기의 성씨를 썼다.

동장 손 아무개는 역대 동계와 마을의 원로에 해당하는 '상임上任'들의 기록을 정리한 『상임선안』에서 손여지로 확인할 수 있다. 손여지, 그는 경주 손씨로, 경주 지역에서 가장 영향력이 큰 양동마을 출신이었다. 양동마을은 조선시대 양반 마을을 대표하는 상징을 지니고 있어 유네스코 세계유산으로 지정되었다. 그만큼 이 마을에서 과거 급제자와 고위 관료가 많이 나왔다는 뜻이고 손여지는 이런 배경에서 지역사회의 영향력이 큰

그림 25 지북동 갓뒤마을회관

인물이었다. 리더십을 갖추었다고 하겠다.

손여지와 뜻을 함께한 인물은 배두정 등 3명이 더 있다. 배두정은 존위尊位였는데, 마을의 연장자로 원로의 입장이었고, 그 외에 이덕신과 김일직은 주민을 동원하고 나무 심기에 있어 실무를 담당했던 공사원과 유사였다. 이들의 이름은 당시 경주부의 행정을 기록한 『강무당선생안』에서 확인할 수 있다. 강무당講武堂은 말 그대로 무예를 익히는 곳으로, 전쟁을 겪으면서 경주가 전략적으로 중요해지면서 설치했다. 처음에는 무반들의 활동 무대였으나 점차 전쟁의 위협이 줄어들면서 지역의 실무를 담당하는 향리들이 이곳을 차지하게 되었다.

경주부는 상주와 함께 2품의 고위 관리 부윤이 행정을 담당하던 곳으로, 경상도를 대표하는 남다른 고을이었다. 자연스레 행정 소요가 많은 이유로 실무를 담당하는 향리들이 중요했다. 이와 별도로 지역의 공부하는 선비나 전직, 혹은 현직 관리들이 있었지만 직접 지역 행정에 관여하지 않았고 그럴 수도 없었다. 그리고 이들은 양동마을이 경주 시내에서 멀리 떨어진 안강에 있듯이 거주지도 달랐다. 경주의 실무 관리들은 근무지 인근의 시내에 살았는데, 갓뒤마을이 대표적이었다.

갓뒤마을 동계의 실무자들은 강무당과 관련이 있었다. 예를 들면, 배두정은 경주부윤으로 정해가 재임하던 시기(1723-1724)

에 장무掌務를, 이유신이 재임하던 시기(1747-1748)에 병방兵房을 역임했다. 강무당에서 부윤은 주장主將으로 으뜸 장수가 되고 행수와 병방의 보좌를 받았으며, 장무는 실무를 담당했다. 배두정은 장무를 거쳐 병방에 이른 인물로 강무당의 핵심이었고, 나중에 지방 행정의 우두머리라 할 수 있는 호장戶長이 될 수도 있었다. 그리고 호장은 지역의 핵심 성씨들이 장악하고 있었다.

이처럼 갓뒤마을 동계에서 나무 심기를 주도한 것은 배두정을 비롯한 향리들이었고, 계원들도 이들과 마찬가지로 경주부의 실무를 담당하고 있는 사람들로 구성되어 있었다. 대체로 시내라 할 수 있는 읍치邑治 지역에서는 이런 사회적 성격을 지닌 사람들이 모여 살았다. 갓뒤마을도 그랬다. 손여지라는 양반은 어떤 인연으로인지는 모르지만 이 마을에 함께 살면서 배두정 등 동계의 원로들과 그동안 마을의 숙원 사업을 비로소 달성했다.

갓뒤마을 동계의 서로 돕기

기록으로 남아 있는 갓뒤마을 동계의 가장 오랜 기록으로는 1725년 10월 28일의 절목이 있다. 후일, 1764년(영조 40)에 동계에서 정리한 마을 역사에 대한 기록에 따르면, 150년 전, 그러니까 적어도 1614년(광해 6)에 이미 동계를 조직했다는 점을 알 수 있다. 대략 이즈음 경주 지역의 많은 마을에서 동계를 조직하고 있었으므로 사실에 가깝다고 본다. 그렇게 본다면 갓뒤마을 동계에서 주민이나 계원들의 의견을 잘 모아서 마을을 가꾸려는 노력은 오래되었다고 생각하는 것이 합리적이다.

1725년, 동계의 계원들이 모두 합의하고 정한 27개 조목으로 구성한 절목 내용의 핵심은 다른 마을과 같이 어려울 때 서로 돕고 기쁨을 함께 나누는 상호부조에 있었다.

> 1. 부모와 본인, 그리고 처의 상례는 날짜가 정해지면 유사가 계원들에게 알리고 술과 안주를 준다. 밝은 술은 놋그릇에, 안주는 대바구니에 담아서 유사들이 근무하는 곳에 주면 그중 반은 상여꾼에게 준다. …
> 1. 혼례가 있으면 맑은 술 1동이와 명태 1묶음씩을 계원에게 1번 준다.
>
> —『지북동중절목』,「을사 10월 28일 절목乙巳十月二十八日節目」

장례와 혼례에 있어 계원들에 대한 부조 내용과 동계 구성원들의 활동 내용에 대해 합의한 내용이다. 기쁨보다 슬픔을 함께하는 데서 연대하는 마음이 더 크다. 그래서 어른들은 요즘도

그림 26 『지북동안』

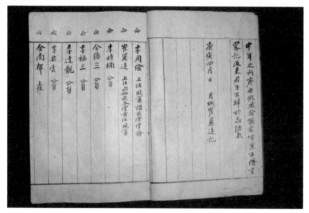

혼례는 참석하지 못하더라도 상갓집 문상은 빠뜨리지 않으려고 노력한다. 이런 마음은 300년 전에도 마찬가지였다. 동계에서는 계와 계원들의 마음을 담은 술과 안주를, 그리고 상례에는

초상에 정성을 더하기 위해 상여꾼에 대한 정성도 표현했다.

그러나 이렇게 만들어진 약속은 잘 지켜지지 않았다. 이런 모습이 이상하거나 잘못되었다고 보면 곤란하다. 사람들이 모여 살다 보면 생각이 다를 수 있고 어쩌면 그것이 자연스러운 일이다. 합의로 절목을 만들고 4년 뒤, 1749년(영조 5) 합의 내용에 대한 수정을 이끌어 냈다.

> 1. 요즈음 혼례와 상례에 술과 안주로 부조를 받은 뒤에 다른 마을로 이사 간 사람에게 동계에서 추심하여 사달이 생기면서 마을 사람들이 동계에 참여하기를 싫어하고 피한다. 이는 '오는 사람 막지 않는다'는 도리에 어긋난다.
> 1. 혼례에 맑은 술 한 동이와 명태 한 묶음을 주기로 절목에 정했다. 그런데 간혹 돈으로 준 집도 있어 절목이 한결같지 못했다. 다음부터 술과 어물을 원하지 않으면 돈 1전을 준다.
>
> ─『지북동중절목』, 「기유 12월 14일 절목己酉十二月十四日節目」

동계의 가치는 서로 돕고 함께한다는 데 있었다. 그런데, 부조를 받고 이사 나간 사람에게 동계에서 나갔다는 이유로 너무 심하게 부조받은 내용을 받아 내면서 갈등이 생겼다. 그래서 동계에서는 곗돈을 납입하고 부조를 받았다는 점을 인정하고, 또 계원을 늘려 계속해서 동계가 이어지게 하기 위해 이 부분을 모든 계원의 의견을 모아 조정했다. 바로 부조라는 호혜를 위한 협동의 범위를 항상 열어 두자는 결의였다.

그리고 18세기 중엽에 동전, 즉 상평통보가 널리 이용되고 더불어 시장이 발달하면서 현물보다는 활용성이 높은 돈을 더 좋아하는 분위기가 생겼다. 이런 변화에 발맞춰 동계에서도 혼례에 동계 계원에게 술과 어물 대신 돈으로 부조하기로 합의를 봤다. 이처럼, 갓뒤마을은 마을 사람들이 혼례와 상례에 서로 부조를 하는 호혜의 가치를 위해 계원들의 의견을 모아 합의 내용을 서로 맞춰 가는 협동이 작동하고 있었다.

농촌과 주민에 대해 갈등과 반목, 혹은 호혜와 협동을 이야기하기도 한다. 주민들이 좁은 지역에 함께 살면서 서로 주도권과 권력을 차지하려고 싸움과 다툼이 자주 일어난다는 주장이 있다. 그렇지만 한편으로는 이런 이야기도 있다. 갈등과 반목만 있는 이런 불편한 마을에서 어떻게 오랫동안 함께 살 수 있겠느냐는 의문이 그것이다. 그리고 바로 이런 곤란을 해결하려는 호혜와 협동이 작동했다는 가설이 있다. 우리나라 농촌을 보더라고 수백 년을 한 마을에서 여러 대에 걸쳐서 함께 사는 마

을들이 많다. 과연 그들의 지혜는 무엇인가? 갓뒤마을을 생각
하게 한다.

　가족도 마찬가지지만, 힘에 눌리게 되고 자기의 마음을 쉽
게 표현하지 못한다면 힘들어진다. 그리고 마지막에는 금이 가
거나 깨어진다. 마을은 더 복잡하다. 농촌은 농사를 짓기 때문
에 최소한 몇 년은 머물러 함께 살아야 한다. 따라서 갈등과 반
목을 녹여 주는 지혜가 필요하다. 그 지혜는 마을 사람들이 갈
등과 불편함을 서로 양보하면서 협력하는 데 있었고, 수단은 바
로 동계였다.

계원의 남다른 협동

　조선시대에 마을마다 주민들이 함께 만들었던 동계는 어려
운 이웃을 함께 돕고 기쁨을 나누는 그야말로 상호부조를 향하
고 있었다. 여기에는 주희가 마을 자치의 가치를 설파하면서 이
를 따르는 지역의 지식인들이 자기 마을을 주자의 성리학이 실
현된 마을로서 보이려는 노력이 작동하고 있었다. 그런데, 꼭
이런 1차 방정식의 동계만 있었던 건 아니다. 사람들이 어울려
살다 보면 예상하지 못한 이런저런 일들이 생기면서 이런 것들

을 담을 필요가 생기기 마련이다.

갓뒤마을 동계도 상호부조를 바닥에 깔고, 어울려 살면서 생기는 일들을 함께 헤쳐 가는 노력을 담았다. 조금은 다른 협동의 내용들이 있다. 마을의 환경정화와 계원들의 생업을 위한 공동노동을 작동하는 울력이 작동했다. 그리고 방범을 위한 협동이 있었다.

> 포도 당번을 서는 일은 동계의 계수를 마치고 퇴임한 사람과 공사원, 유사를 마친 사람 가릴 것 없이 가족이 있으면 모두 항상 당번을 맡아 지킨다.
>
> ─『지북동중절목』, 「을사 10월 28일 절목」

포도, 즉 도둑을 잡는 방범 활동을 동계에서 합의한 내용이다. 경주는 경상도의 가장 번화한 고을 중 하나인 데다가 포항과 영천 등지로 이어지는 교통의 요지이면서 상업이 발달한 곳이었다. 요즘도 그렇지만 이런 곳에서는 치안에 아주 신경을 쓸 필요가 있다. 갓뒤마을은 경주 중에서도 오늘날 시내에 해당하는 중심 지역인 읍치에 있었다. 그렇기에 절도나 무뢰배의 행패 등이 있을 걱정이 있어 동계에서 방범 활동을 위한 자치를 실현하고 있었다. 실제로 1692년(숙종 18), 도적이 경주시에 난입하여

그림 27 『지북동안』 중 1725년 동계의 서문

큰 논란이 된 일도 있었다.

　방범을 위한 자치활동에의 협동에는 주민 구성의 구분이 없었다. 마을의 원로로 동계의 최고위직인 계수를 마쳤거나 실무를 담당했던 공사원과 유사도 예외는 없었다. 지켜야 할 가족이 있는 계원 모두는 돌아가면서 마을을 지키기로 모두 합의하였다. 1725년 10월 28일의 일이었다. 그로부터 40년 뒤 동계 규약을 조금 바꾸었다.

> 포도 관계 등의 사무는 해당 임원들이 상의하여 처리한다. … 마을의 계원 중에 가솔이 없는 이는 포도에 번을 서지 않는 대신 1전의 돈을 마을 동계에 납부한다.
>
> —『지북동안芝北洞案』, 「갑신 10월 6일 절목甲申十月六日節目」

　아마도 방범 활동 순번을 정하는 문제를 두고 서로 다른 생각이 있었던 듯하다. 동계 실무를 담당하는 임원들이 갈등 해결을 책임지기로 했다. 그리고 방범의 혜택에 제한적인 독거인은 참여 동기가 상대적으로 낮으므로 현금으로 노동을 대신하는 합의를 이루었다. 1764년 10월 6일이었다.

　동계의 협동 내용에는 마을 사무소에 대한 관리도 있었다. 1770년(영조 46) 10월 30일에 동계에서 합의한 내용이다.

우리 마을의 마을 사무소가 무너져 어쩔 수 없이 중창
한다. 지붕에 얹을 기와가 부족하여 상여계의 창고에
있는 기와를 옮겨 와 보충하며, 이후로 온 마을이 힘을
합쳐 사초로 이엉을 얹으며 해마다 지붕을 잇기로 단
단히 결정한다.

—『지북동안』, 「경인 10월 30일 입의庚寅十月三十日立議」

동계에서 마을 주민, 혹은 계원을 대상으로 함께 모이는 장
소, 오늘날로 생각하면 마을회관이 허물어지자 보수하기로 마
음을 모았다. 먼저 임시 위원회를 설치한 다음에 필요한 자재를
마련했다. 상여를 보관하는 창고보다 마을회관이 중요하므로
기와를 비롯한 자재를 활용하고, 보수한 건물의 관리를 위해 기
와가 아닌 부분의 초가지붕을 잇는 등의 노동을 함께하기로 단
단히 결정했다.

음주와 양조에 대한 절제도 합의했다. 1730년 정월에 있었
던 동회의 결의에 있었다.

예선 습관을 고치지 않고 방자하게 술을 먹는 자가 자
못 많을 뿐 아니라, 나라의 금지가 한창 엄중한 시기에
도 임의로 술을 빚어서 내어 판다. 그리하여 술에 취하

여 사람의 도리를 알지 못하고, 부모 형제와 장유유서의 도리도 잊고 싸우는 일이 날마다 심해져서 윤리를 상하고 풍속을 해치는 일이 이보다 더 심한 것이 없다.

—『지북동중절목』,「경술 1월 26일 절목庚戌一月二十六日節目」

　술에 취해서 미풍양속, 부모와 어른에 대한 공경하는 마음을 잠시 잃어서 마을 분위기를 해치는 일을 경계했다. 그래서 동계를 처음 만들 때 이 부분을 강조했었다. 그런데, 시간이 지나도 음주 때문에 어색한 분위기가 계속 생겨 이렇게 다시 합의했다. 더군다나, 당시에는 흉황으로 인한 곡물 부족으로 주조를 금지하는 영조의 엄명이 있었는데도 불구하고 몰래 술을 빚고 또 파는 일이 있었다. 마을의 계원이 양조를 하면서 마을의 풍속을 해친다고 보고 새해 첫 달에 계원들이 새 출발을 다짐했다고 볼 수 있다.

4

말림갓을 지키는
사람들

말림갓을 위한 모두의 다짐

갓뒤마을은 동계를 중심으로 마을 주민 모두가 혜택을 받는 말림갓을 조성했다. 이 숲은 마을의 공유자산으로, 모두가 누리는 혜택을 계속 이어 갈 수 있는 호혜를 위해 함께 힘쓴다는 다짐이 필요했다. 마을 동계의 계원 모두가 같은 마음으로 만든 말림갓을 위한 규약은 시간의 흐름에 따라 조금씩 바꿀 필요가 있었다. 말림갓은 소중하니까 애를 쓰는 이유가 된다.

1730년, 갓뒤마을 동계는 바야흐로 논과 밭을 사서 나무 심는 마음을 모았다. 나무를 심기 위해 70명이 넘는 주민이 함께하였고, 나무를 위한 땅은 유귀발, 이익태, 이순이, 그리고 약국

으로부터 사들였다고 한다. 그리고 동계의 계원 모두의 마음을
담아 숲을 가꾸기 위한 협의 내용을 입의로 남겼다.

한 번 심은 뒤에는 소나무가 반드시 무성할 것인데, 무
성할 때 혹시 어리석은 자들이 소나무를 베는 폐단이
있으면 그 죄가 가벼울 수 없으니 특별히 중대한 법을
시행하고자 한다. 어린 소나무를 벤 자는 속전 5전을,

중간 크기의 소나무를 벤 자는 1냥을, 큰 나무를 벤 자
는 5냥을 징수한다. 만일 거부하는 자가 있으면 몽둥
이질 20번을 친 후 영구히 따로 처분을 결정한다. 다른
마을 사람이 들어와서 나무를 베었을 때는 고을에 알
리어 나무를 배상하게 한다.

—『지북동중절목』, 「경술 정월 25일 기후북식송입의」

　동계는 비록 한겨울에 심었지만 나무가 잘 자라기를 바랐
다. 그와 함께 무성한 나무가 혹여나 훼손되지 않을까 하는 염
려가 밀려 왔다. 그래서 이 숲, 말림갓을 지키기 위한 갓뒤마을
사람들의 의견들이 모였다. 정한 약속은 나무의 크기에 따른
속전, 바로 벌금을 정하는 것이었다. 어린나무를 베었을 때는
5전, 큰 나무는 5냥을 징수했다. 대개 이 시기 쌀 1가마가 1냥
정도였으므로 5냥은 웬만한 초가집 3칸의 가격에 이르는 어마
한 값이었다. 얼마나 마을 숲을 소중히 여겼는지를 알 수 있다.
　말림갓을 지킨다는 믿음이 갓뒤마을의 노력으로만 바로 서
지는 않았다. 그래서 마을에서 마련한 규약을 완전히 무시하는
사람이 있을 경우에는 물리적인 제약을 실시하고자 했다. 벌금
납부를 거부할 때 임의로 태형, 즉 몽둥이찜질을 내렸다. 지금
은 상상할 수 없지만, 조선시대만 하더라도 마을 자치를 강조하

는 분위기에서 주민을 마을에서 쫓아내거나 심지어 집을 허물어 버리기도 했다. 그리고 태형을 통해 형벌을 집행할 수도 있었다. 아마도 같은 계원이고 한 공간에 살고 있으므로 이런 극단적인 상황이 일어나지는 않았을 것이고, 이 내용은 선언적인 측면이 있었다고 보는 것이 좋겠다.

마을의 자치가 하나도 인정받지 못할 때의 장치도 마련했다. 바로 경주 관청에 알려서 배상하는 제안으로 말림갓을 보호한다는 실질적인 제안이었다. 『경국대전』에서는 숲을 훼손했을 때는 장 80까지 처벌하도록 하고 있기에 아주 공식적인 대응이었다. 나무를 심고 성장을 지켜보면서 좀 더 좋은 관리를 위한 고민이 깊어졌고, 이에 1735년(영조 11), 나무 관리를 위한 내용을 정비하고 세부 행동요령을 담은 절목을 마련했다.

> 땔감을 채취한 자를 우선 찾아내어 몽둥이질을 7번 한 뒤에 지키는 사람을 정해서 감시하고 보호하게 했다.
> … 매달 그믐마다 소나무밭을 일일이 살피는데, 만에 하나라도 베어서 넘어뜨린 폐단이 발견되면 찍어 낸 사람과 지키는 당번을 절목에 따라 속전을 한 그루마다 5전씩 추징한다.
> ─『지북동중절목』, 「을묘 2월 24일 개절목乙卯二月二十四日改節目」

일어날 일은 일어나고 만다. 나무를 심은 뒤 5년이 지나면서 걱정했던 일이 일어나고 말았다. 땔감을 위해 몰래 나무를 베는 사건이 발생했다. 5년 전에 몽둥이질과 벌금, 관청 신고 등의 할 수 있는 내용은 다 적었는데도 그랬다. 사람이 얽혀 함께 살다 보면 미리 알 수 없는 일이 일어나는데, 동계는 여기에 바로 대응했다.

땔감을 몰래 훔친 사람에게 먼저 시범적으로 매질을 했다. 그리고 바로 대안을 마련했다. 말림갓을 지키는 당번을 정해서 돌아가면서 감독하기로 한 것이 그것이다. 숲이 주는 혜택을 포기할 수 없었고 주민이 말림갓에서 얻는 위안이 컸기 때문이리라. 그리고 매달 마지막 날 동계의 간부들이 소나무가 잘 있는지 일일이 확인하고 잘못이 있으면 담당자도 함께 벌을 주기로 수정했다.

갓뒤마을에서는 이렇게 어렵게 만든 마을 숲을 지키기 위한 다짐을 만들었고, 이 다짐은 새로운 사건에 직면할 때마다 바꾸었다. 숲을 아끼고 가꾸자는 다짐이 바뀌지 않았음을 보여 준다. 한편으로는, 이러한 다짐은 같은 공간에 함께 부대끼는 동계의 계원에 대한 경계라기보다 아마도 외부 사람이 말림갓을 훼손했을 때를 대비한 것으로 볼 수 있다.

숲을 다투는 사람들

숲과 말림갓이 주는 도움과 고마움은 많고도 컸다. 그래서 마을 사람들이 함께 공유하는 공유자산이었고, 보다 잘 가꾸기 위해서 협동을 했다. 그렇지만, 나무가 주는 이로움을 서로 차지하기 위해 다투는 일도 발생했다.

경주 북서쪽, 보문에서 읍내로 향하는 길목에 오리에 걸쳐 조성한 숲이라는 의미의 '오리수'가 있었다. 이 숲을 지키기 위해 1733년(영조 9), 관청에서 확인한 내용이 있다.

> 경주의 동쪽에 있는 오리수는 고을의 주맥이자 읍내를 북돋우고 보호하는 자리이다. … 세상의 인심이 흉악하게 변하여, 금지하는 명령도 두려워하지 않고 함부로 숲의 나무를 베어 낸다고 한다. 알고 보니, 이들은 모두 황오리, 동천, 북군 등 4개 마을 주민이었다. 이 4개 마을에 모두 숲을 지키는 수직인을 2명씩 두고 마을이 공동으로 보호하고 지켜 벌채하는 폐단을 그치게 한다.
>
> ―「오리수금호등록五里藪禁護謄錄」

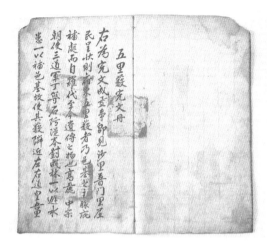

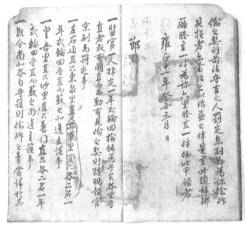

그림 29 『오리수금호등록』,

한국국학진흥원, 『慶州李氏 楊月門中 古文書資料集成』, 2009, 264-265쪽에서 재인용

많은 숲을 가꾸는 데 신경을 기울이던 경주에서도 자주 숲을 훼손하는 일이 일어났다. 당연히 관청에서 숲의 나무를 함부로 베어 내어 땔감이나 건축 자재로 쓰는 것을 엄하게 금지하는 조처가 있었다. 그런데도 몰래 나무를 가리지 않고 베어 낸 자취가 있어 조사한 결과 이 오리수 가까이에 있는 4개의 마을 주민이 저지른 일이었다.

임자 없는 숲이라고 생각해서 너도나도 나무를 찍어 내다 보면 금방 허허벌판이 되어 더 이상 말림갓이 될 수 없었다. 바로 '공유지의 비극' 이론에서 말하는 모습이 일어날 상황이었다. 관청은 임자 없는 숲에 주인의식을 심어 주는 조치를 내렸다. 숲을 훼손한 4개 마을에서 담당자를 2명씩 차출하게 해서 몰래 나무를 이용하는 사람이 있는지 감시하게 한 것이다.

숲을 다투는 사건은 이전에도 있었고, 이를 지키기 위한 노력은 하나의 전통으로 자리 잡고 있었다. 17세기부터 경주의 많은 숲을 위해 선비들이 많은 관심과 노력을 기울이고 있었다. 오리수는 대표적인 사례였다. 1623년(인조 1), 경주의 역리, 즉 교통로를 지키는 하급 관료들이 말 관리를 위한 땅을 확보하기 위해 오리수를 훼손했다. 가만히 있을 수 없었다. 경주 여론을 주도하고 있던 대표적 선비 정극후(1577-1658)는 경주를 대표하여 조정에 바로 상소를 올렸다.

아! 우리 고을의 형세는 다만 하나의 외로운 섬입니다.
그래서 이른바 북천의 물이 터져 남쪽으로 물이 흐르
면 사당을 가로질러 나누고는 남천으로 흘러가게 됩니
다. 서쪽 방면이 터지면 왕의 사당을 충돌해 지나가서
서천에서 합류하게 됩니다. 이로써 읍내에 거주하는
주민부터 부윤까지 모두가 근심이 이만저만이 아닙니
다. 큰물이 갑자기 나면은 머물 곳이 없어 갑작스런 순
간에 사람들은 물고기가 됩니다.

— 정극후, 『쌍봉선생문집雙峯先生文集』 권2,
「대경주사민청금보문평개거소代慶州士民請築普門坪開渠疏」

역리들이 숲의 나무를 베고 밭을 만들고 북천의 둑을 뚫어
물길을 내자 그 즉시 정극후를 비롯한 경주의 뜻있는 선비들과
관리들이 들고일어난 것이다. 그들은 이들이 훼손한 오리수가
강의 범람을 막고 있고, 강둑이 훼손되면 홍수에 어쩔 수 없는
일이 일어난다고 호소했다. 이들은 북천이 범람하면 물이 시내
를 완전히 덮쳐서 공자와 왕의 사당마저 위협한다고 설명했다.
사당은 신성불가침의 영역으로 가장 소중한데, 홍수를 방비하
지 못하면 지킬 수 없고 마음에 큰 충격이라고 강조했다.
사실 한 해 전에 이미 수해가 경주를 덮쳤기에 그 두려움은

점점 커졌다. 경주의 또 다른 뜻있는 선비 김종일(1597-1675)은 이 사건에 대해 수해로 경주 읍내와 들판이 물에 잠겨 주민들이 물고기나 자라와 다름이 없었다고 되새겼다. 그리고 그는 경주 주위에 나무를 심고 그곳에 대한 개간을 엄히 금지하고 있는 이유가 수재를 방지하고 풍수를 가꾸는 데 있다고 보았다.

정극후는 숲과 강둑이 무너지면 강으로 둘러싸인 경주 읍내가 물에 완전히 잠긴다고 묘사했다. 역리들이 숲을 다투면서 경주의 관리와 더불어 주민들이 매일매일 불안해하는 현실을 마주하게 되었다는 이야기였다. 그리고 숲을 다툰 결과 강둑이 무너져 강물이 시내로 흘러들면 경주 시민들은 물고기가 되어 목숨을 위협받는 일이 눈앞에 선하다고 극적으로 적었다.

사람들은 경주 주위에 점점이 가꾸고 있는 숲이 강변과 연결되면서 수해를 방지하고 풍수를 만드는 기능이 있다고 여겼다. 하지만, 숲이 주는 말림갓으로의 기능이 컸기에 땔감과 목재의 확보, 그리고 개간을 통한 경작의 이익을 위해 서로 숲을 다투고 있었다. 이런 모습은 비단 경주만 그런 것이 아니었다.

풍수, 마을 사람들의 마음 치유

'풍수지리'는 오늘날 우리 삶에도 어느 정도 영향을 끼치고 있다. 남향집을 선호하거나, 역세권, 숲세권, 반세권 등의 말이 생겨나는 것도 어쩌면 요즘 개념의 새로운 풍수지리인지도 모른다. 다시 돌아가서, 풍수지리는 주위 환경을 살펴 삶을 조금 더 좋게 만드려는 생각에서 출발했다. 그래서 20세기까지만 해도 집터, 못자리와 같은 터 잡기에 풍수지리를 볼 줄 아는 지관들이 활동했다. 지금도 어느 정도 그렇기도 하다.

환경이 사람을 지배한다는 말이 있다. 그래서 그런지 조금 오래된 학교의 교가는 첫 구절에 깊은 강과 높은 산이 꼭 등장하며 이런 강산이 인재를 길러 낸다는 점을 암시한다. 풍수지리에 영향을 받은 결과이다. 그럴 수도 있다. 그렇지만 조금 비틀어 생각해 볼 수 있다. 풍수지리에 맞지 않는 환경은 사람의 운명을 결정하지는 않더라도 크게 개입한다고.

갓뒤마을 동계에는 지사의 북쪽의 허한 기운을 보완해야 한다는 말이 상처로 남았다. 그래서 마을 사람들은 불안한 마음을 갖고 있었다. 환경이 사람을 지배한다는 반복된 말은 믿음이 되었고 그렇기에 마음은 더 불편했다. 그래서 동계에서 땅을 사서 주민들이 함께 열심히 나무를 심어 잘 가꾸었다. 6년의 시간이 지나 숲이 모양을 갖추자 지난날을 회상하기에 이르렀다.

풍수를 꿰고 있는 지사가 말한 북쪽의 기가 부족하다는 진단은 이유가 있었다. 마을은 논호쑤와 연결되면서 북천이 휘감아 흐르고 있었고, 북천은 장마에 범람할 위험이 언제나 있었다. 그렇기에 논호쑤를 좀 더 보강하여 수해를 대비하는 방향이 좋았다. 그래서 지사는 기를 보완하는 숲 조성을 조언했다. 그래서 경주에는 숲이 많고, 이런 숲들을 비보림이라고 하면서 부족한 기운을 채워 주는 숲을 조성했다. 바로 풍수에서 말하는 환경과 인간을 연결한 답이었다.

수해를 방지하기 위해 갓뒤마을에서도 비보림에 해당하는 숲을 조성했다. 그리고 숲은 나무가 자라면서 땔감을 넉넉히 주고 때로는 마을 사무소 수리와 같이 필요한 데에 목재를 제공해 주면서 말림갓으로 넉넉함을 나눌 수 있었다. 갓뒤마을 사람들은 숲 조성으로 마음의 불안이 사라지고 말림갓이 된 비보림에 고마운 마음이 싹텄다.

갓뒤마을에서 숲을 조성하게 된 배경, 풍수가가 말한 수해 방지를 암시했던 비보림은 뜻하지 않은 의미를 찾게 되었다. 풍수가 바람과 물을 뜻하듯이 말림갓이 수해 방지와 함께 풍해를 예방하고 있었다.

이 숲은 황성리 옥답의 중간에 있다. 논호쑤 일부였지만 떨어져 남아 있는 것이라 전한다. … 갓뒤마을은 동쪽과 남쪽, 양측에 있는 숲의 그늘에 의지하기 위해 그곳에 집단으로 복거하게 된 것이다. 황성리에는 동서쪽에 고양, 임정의 두 숲이 있어 그곳의 공활을 막고 여름과 가을의 폭풍 세력을 격감시킨다.

— 朝鮮總督府林業試驗場,『朝鮮の林藪』중에서

1938년 총독부의 현장 조사 결과 보고서의 내용이다. 현재는 이 일대가 도시로 개발되면서 흔적을 되돌리기 어렵다. 그렇지만, 당시 말림갓은 논호쑤의 일부로서 동서쪽에 고양쑤와 임정쑤 등의 숲과 이어지고 있었다. 숲 일대의 바람을 조사한 결과 이렇게 이뤄진 숲이 폭풍을 방비하는 역할을 하고 있다는 사실을 확인했다. 갓뒤마을에서 심은 나무가 풍해 방지에 도움이 되었던 것이다.

2005년 조사에서는 아주 과학적인 결과를 발견했다. 갓뒤마을은 동해로부터 불어오는 북풍, 겨울 여러 주 동안 혹한을 동반하는 대서풍, 그리고 여름의 남풍이 불어오는 지역에 해당한다. 그런데 마을에서 조성한 숲이 주변 옥답의 작물이 바람 피해를 받는 것을 막아 주어 농업에 좋은 환경을 만들어 주었다.

그리고 삶에 있어서도 평소에도 그렇지만 무엇보다 겨울의 혹독한 바람을 조금은 줄여 주는 기능이 있었다.

갓뒤마을 북쪽의 기운이 부족하다는 풍수가의 예언은 전혀 틀린 것은 아니었다. 마을에서 나무를 심고 숲을 가꾸면서 풍해와 수해를 방비할 수 있게 되었고 말림갓으로 활용성도 높아지면서 삶이 모르는 사이에 좋아졌기 때문이다. 무엇보다 북쪽의 기운이 허전하다는 말로부터 자유로워지면서 마을 사람들은 마음을 치유할 수 있었다.

미워하고 사랑하는 약속

가족은 서로 미워한다. 그리고 사랑한다. 아주 앞뒤가 맞지 않는 그런 말이다. 하지만 너무도 바른말이라는 것을 우리는 잘 안다. 교육학 연구에 따르면 가족은 서로에 대한 기대가 너무 크기 때문에 이 마음이 쉽게 채워지지 않으며 미움으로 비추어지지만 기대는 바로 사랑이라고 한다. 그래서 미움과 사랑을 나누고 갈등과 반목으로만 해석할 수는 없다.

마을 사람들도 서로 미워하면서 사랑한다. 마치 가족이 그러하듯이 같은 공간에 함께 살면서 그야말로 "지지고 볶고" 어울려 살아간다. 그것도 아주 오랫동안. 그것은 함께 만들어 가고 많은 시간 동안 전해진 오래된 깨달음, 오랜 이야기가 있었기 때문에 가능했다. 가족과 같은 천륜이 아닌 마을과 같은 인연으로 만난 사람들을 묶는 풍속이 그것이다. 경주의 갓뒤마을 사람들도 동계를 만들어 나누었던 지혜가 있었다. 숲이 마을에 주는 호혜의 가치와 이것을 향하는 사람들의 협동, 그리고 그 약속이었다.

1730년, 마을이 말림갓을 만들기 전에도 마을 사람들끼리 서로 미워하는 마음을 녹이기 위한 약속, 동약과 절목 등이 있었다. 나무를 심은 뒤 한 세대가 지난 1764년 한겨울에는 사람들이 모여 미움을 줄이고 사랑을 이어 가는 약속을 새로 만들었다.

> 각자가 엽전 1냥씩을 내어 50여 마지기의 밭을 매입하였다. 그러자 동장과 공사원을 하겠다고 자원하는 이들이 있었으니, 밭을 사들인 즉효를 본 것이라 할 수 있다. 이 밭 가운데 반은 검독을 겸하는 동장에게 주고, 남은 반은 숲 감독관을 겸하는 공사원을 위해 사용했다. 그래서 밭이 없는 사람에게 밭을 가지는 이익을 주고, 임기를 한 달로 하여 마을을 책임지는 괴로움을 없

애 주면 70가구가 다툼없이 평안할 것이다.

—『지북동안-갑신맹동개枝北洞案—甲申盟洞改』,「서문序文」

마을에 일어나는 여러 일을 처리하는 동장과 실무를 담당하는 공사원은 번거로워 서로 꺼렸다. 그러는 사이 동계의 참여도와 활동이 조금씩 떨어지면서 예전만 못한 상황을 맞이했다. 이러한 때, 주민 70여 명이 함께 모여서 마을을 위해 봉사하는 이들에 대한 대우를 좋게 바꾸기로 약속했다. 그래서 주민이 각기 1냥씩을 기부해서 모은 70냥의 돈을 마련했다. 이 돈으로 55마지기의 땅, 오늘날로 치면 1,000평 정도를 사서 이용할 수 있는 편의를 제공했다. 하나의 봉사에 대한 대가라는 의미가 있었다.

땅 이용도 서로 생각을 나누어 약속을 만들었다. 반반을 동장과 공사원에 나누어 여기서 나오는 수입을 활용할 수 있는 우선권을 준 것이었다. 세부 절목을 보면 공사원에게 100평 정도를 더 주고 있어 실무 책임에서 오는 어려움에 대한 의미를 부여했다. 그리고 절목에는 마을 북쪽에 나무를 심어 보호한 뜻을 이어서 서쪽도 살기를 막기 위해 앞으로 땅을 사서 나무를 심자는 약속을 적었다.

숲, 그리고 숲의 말림갓이라는 마을 공동의 재산이 주는 호혜의 가치를 지키기 위한 협동의 노력은 끊이지 않았다. 숲을 지키고 이용하면서, 그리고 시간이 지나면서 미워하는 마음이 자라면 마을을 함께 가꾸겠다는 사랑하는 마음이 작동했다. 1857년(철종 8) 가을에 있었던 일이다.

> 상임은 바로 동네의 일을 맡은 사람이다. 임무가 가볍지 않기 때문에 형편상 적합한 사람을 택하여 맡겨야 한다. … 상임을 선발할 때는 안면이 있거나 사사로운 정에 구애되지 말고 그가 세상에서 행한 선의 여부와 경력을 보아 공정하게 정해야 한다. … 임원을 지낸 자가 만약 변고를 당하면 맑은술 한 동이씩 준다. 임원을 지낸 사람이 상을 당하면 1냥을 부의한다.
>
> —『상임선안上任先案』,「함풍 7년 정사咸豊七年丁巳」

거의 100년 가까이 시간이 흐르자 나라와 마을의 분위기가 사뭇 달라졌다. 동장은 상임으로 이름이 바뀌었고, 상임이 마을의 대소 행정 일을 조처하는 과정에서 사적인 이익을 우선하면서 마을 사람들 사이에 악담이 생기는 등 미움이 싹텄다. 이렇게 이전과 달리 상임이 하나의 권력이 되자 주민들은 신중하게 선발하기로 뜻을 모으고 약속을 바꾸었다. 바로 마을을 위해 봉

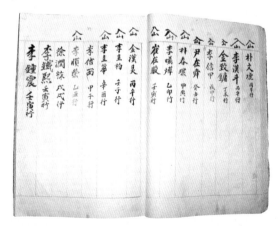

그림 30 19세기 중반의 갓뒤마을 동계의 상황을 담은 『상임선안』

사한 경력과 인품을 헤아려 정하기로 한 것이었다.

여전히 마을을 위해 봉사하는 사람을 위한 존중은 유지해서 사랑하는 마음을 이어 가고자 했다. 이러한 활동의 중심에는 여전히 마을 숲과 말림갓으로서의 가치를 이어 가는 데 있었다. 같은 공간에 얽혀 살기에 서로를 가장 잘 알지만, 한편으로는 미움도 쉽게 생긴다. 그래도 마을을 지키겠다는 마음이 있기에 사랑을 전제로 미움을 고쳐 나가는 지혜가 갓뒤마을에는 있었다.

마을의 짐이 된 말림갓

마을이 지역사회의 규칙, 혹은 나라의 제도에 벗어나 완전히 동떨어진 공동체로 있기는 불가능에 가깝다. 때로는 지역의 필요에 따라, 혹은 국가의 정책에 따라 만들어지기도 한다. 예를 들면 교통의 요지에 형성된 역촌이나 군인들을 위한 둔촌 등을 들 수 있다. 반면 자연스럽게 사람들이 모여 마을이 만들어진다고 하더라도 시간의 흐름에 따라 외부의 규칙과 법으로부터 자유로울 수 없었다.

조선 후기 변화하는 국가의 군역과 세금에 대한 정책, 그리고 그에 따라 수령이 지역사회에서 이를 실현하면서 마을에도 변화가 일어나기 시작했다. 갓뒤마을 동계는 17세기 이후 상호 부조를 실현하다가 나무를 심는 등 호혜를 실현하기 위한 협동도 이어 왔다. 그러다 18세기 중엽 이후, 국가의 제도와 지역사회의 변화에 따라 동계도 대응이 필요했다. 1744년(영조 20) 개수한 동계 절목에서 동계가 점점 바뀌면서 외부의 변화에 대응하는 모습을 엿볼 수 있다.

> 동내에 한정의 추쇄와 속오를 해마다 정비하는 일이 있다. 이때 확인해서 빼고 대신 채워 넣으면서 비용이 들지 않을 수 없어 손해를 방지하고자 역의 차등에 따라 수합했다. 그랬더니 그사이에 시비가 분분하여 제회하여 공의를 모은 이후로는 양인과 천인을 논하지 말도록 한다. 분쟁의 폐단을 없애고자 절목을 한다. 혹시라도 입의를 준수하지 않는 사람이 있거든 파가출동할 일로 완의한다.
>
> ―『지북동중절목』, 「갑자 7월일 개절목甲子七月日改節目」

갓뒤마을에 부과된 군역에 대한 대응을 함께 결의한 내용이다. 군역은 임진전쟁 이후 5명을 하나의 조로 편제하는 것을 원

그림 31 『지북동안』의 절목

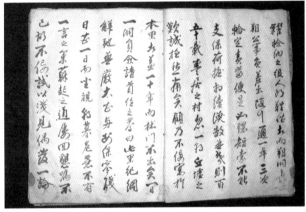

칙으로 하는 속오법으로 전환되었다. 그런데 지역 단위로 신분을 따지지 않고 군인을 편제하던 것이, 18세기 이후, 양반을 제외하거나 때로는 돈을 내고 면제하는 방향으로 바뀌었다. 고을에서는 마을 단위로 일정한 속오군 편제를 일괄 부과하면서 사

람들 사이에 생각이 복잡해졌다.

해마다 경주 고을에서 정한 군역의 정수를 채우기 위해 마을은 고통을 분담하기로 했다. 사실 갓뒤마을은 양반으로 특권을 보장받는 사람들이 거의 없는 곳이었다. 그러다 보니 더 힘들었다. 게다가 군역을 확인하고 장부를 정리하는 데 소소한 비용도 들었다. 그래서 주민들이 모여서 양인과 천인 모두를 대상으로 군역 장부를 구성하여 면제된 사람과 신입을 결정하기로 모두의 동의로 결정했다. 여기에 반발하는 계원과 동민은 '파가출동', 즉 마을에서 쫓아내는 극단 조치를 하기로 완전히 의결했다.

마을의 책임이 커지면서 예전에는 이사가 손쉽고 동계의 참여와 탈퇴가 자유로웠던 일상이 이제는 이사 갈 때는 대신할 사람을 확정하거나 관련한 비용을 부담해야 하는 상황이 생겼다. 군역만 그런 것이 아니라 국가에 부담하는 각종 세금도 부담으로 다가왔다. 고을에서는 마을 단위로 환곡 등 각종 세금에 대해 일괄 부여하는 '비총제'를 적용하기 시작했다. 갓뒤마을은 여기에도 대응해야 했다. 1772년(영조 48), 갓뒤마을은 마을에 부과된 땔감을 마련하기 위해 동계의 내용을 개정했다.

봄과 가을 분기마다 땔감을 검사해서 납부할 일이 있

다. 땔감의 검사납부는 항상 때가 이르거나 늦거나 하며 일정하지 않아서 담당자의 책임에 끝이 없었다. 따라서 이제부터는 따로 결의하여 마을의 각 책임자가 11개 호구씩을 분담하여 검사납부의 수고를 나누기로 한다. 봄 분기는 1월 20일 이전에, 가을 분기는 7월 20일 이전에 납부를 마친 뒤에 책임자를 교체할 수 있다.

—『지북동안·갑신맹동개』, 「임신 6월 25일 입의壬辰六月二十五日立議」

　마을은 경주 관청에 납부해야 할 일종의 세금, 땔감 부담이 있었다. 이를 흔히 '시탄가'라고 부르는데, 이 또한 마을 단위로 할당되었다. 논호쑤 가까이에 있으면서 말림갓을 가꾸고 있던 갓뒤마을은 우선적인 대상이 되고 말았다. 그래서 봄과 가을 두 번에 걸쳐 납부의 책임을 완수하기 위해 당번과 기일에 대한 합의를 만들어 냈다. 대개 현물이 아닌 현금으로 대신 납부했는데, 갓뒤마을의 경우는 말림갓을 조성하고 있었기에 어쩌면 땔감을 납부했을 가능성도 있다. 마을 위치도 경주 읍내에서 가까웠기에 관청에서 사용하는 규모는 갓뒤마을에서 부담했다고 볼 수 있다.

　갓뒤마을은 논호쑤를 지키는 부담을 지고 있었지만 여전히 마을 숲을 스스로 가꾸었다. 숲으로 둘러싸인 마을의 입지와 말림갓을 가꾸는 동계의 노력이 오히려 관청으로부터 세금의 부담을 받는 상황을 만든 측면이 있었다. 어쩌면, 갓뒤마을 동계에서 1730년 마을 북쪽에 이어서 1762년(영조 38) 마을 서쪽에 말림갓을 넓힌 활동은 경주로부터 부과되는 땔감 세금에 대한 부담을 줄이기 위한 노력이었는지도 모른다.

갓뒤마을 동계는 마을 가구 11호씩 책임지는 담당자를 정해서 1월과 7월에 부과된 땔감 세금을 미리 준비했다. 마을에 일괄 부과된 세금 부담을 쪼개서 함께 해결하는 이른바 공동납부로 대응하기로 결의한 것이다. 숲이 주는 가치와 부담을 적절히 맞추어 가면서 갓뒤마을은 말림갓을 계속 가꾸려는 노력을 아끼지 않았다.

멈추지 않는 말림갓 가꾸기

경주에는 숲도 많지만, 숲을 가꾸는 노력을 기울인 마을도 많다. 갓뒤마을이 대표적이지만 경주에서 가까운 덕동마을도 그렇다. 덕동마을도 입구부터 푸르른 수백 년 아름드리 소나무가 흩어져 자라면서 풍경을 압도한다. 이 마을 숲은 액운을 막기 위한 비보림으로 조성되었다고 한다. 하지만, 입구의 강물

그림 32 또 다른 마을 숲 관리 사례 덕동마을

과 계곡의 바람을 생각한다면 풍수해로부터 마을을 지키는 버팀목이었다는 사실을 쉽게 알 수 있다. 갓뒤마을도 숲을 가꾸기 위한 노력을 포기한 적이 없었다.

18세기 중엽 이후 갓뒤마을을 조여 온 각종 세금의 압박, 그리고 자기의 이익을 먼저 생각하는 세태의 변화는 숲과 말림갓 가꾸기를 점점 어렵게 만들었다. 마을과 숲을 둘러싼 환경은 점점 녹록지 않았다. 흔히 조선시대 중 19세기는 혼란기로 표현하기도 한다. 이러한 때에도 갓뒤마을의 말림갓을 위한, 그리고 마을 사람들을 위한 동계는 계속 이어졌다.

1830년(순조 30) 4월 25일, 동안을 새로 만드는 '중수' 작업이 있었다. 당시의 화두는 갓뒤마을의 역사가 오래되었으니 그 맥을 이어야 한다는 결심에 있었다.

나는 고을 내에 세거하면서 "이 마을은 풍속이 순박하다"고 많이 들었다. 그리고 우연히 이 마을로 이사한 지 십여 년 된 사람이 "풍속이 맛깔나고 순박한 것이 과연 들은 것과 같고, 이웃이 화목한 것도 본 것과 딱 맞다" 한다. 다만 유감스러운 것은 동네가 있고 나서 동안이 옛적에는 있었는데 지금은 없으니 이것은 중도에 끊어진 것이다.

—『지북동안』, 「경인 4월庚寅四月」

갓뒤마을이 경주에서도 이웃이 서로 화목한 분위기의 마을로 소문이 났다는 사실을 강조했다. 다만, 예전에 실시하던 동계는 계속 이어지지 못하고 중단된 상태였다. 이러한 현실을 안타까워한 마을 사람들이 모여서 예전에 기쁨과 슬픔을 함께하면서 상호부조하던 풍속을 되살리기로 함께 결의하였다. 여기에는 예전에 만들었던 숲과 말림갓 가꾸기 노력이 중심에 있었다.

동계를 중수한 지 한 세대가 지나고 다시 내용을 새롭게 했다. 1857년 10월 상순, 동계의 중수 결과를 반영하고 있는 문서는 19세기 동안 말림갓 가꾸는 노력을 멈추지 않았던 갓뒤마을 사람들의 노력을 담고 있다.

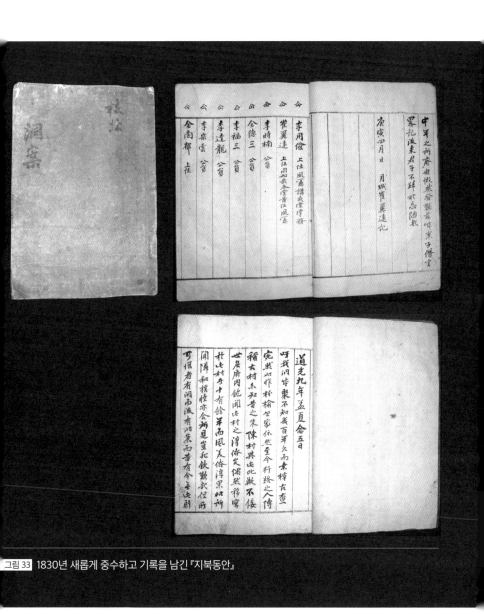

그림 33 1830년 새롭게 중수하고 기록을 남긴 『지북동안』

가을에 내가 한두 동지들과 옛 문서를 찾아 새로운 안
건을 도모하려는 것은 진실로 옛 풍속을 공경하고 우
러르는 중에 나온 것이다. 근래 마을 어른 이도형 씨가
역시 우리 마을에 대한 바람이 있었다. 그가 가르치고
훈계하는 숲을 가꾸는 힘이 손여지께서 북돋우고 힘쓰
게 하신 뜻이 드러운 것이 아니겠는가? … 아! 후래의
사람들이 "나는 저 긴 숲을 진실로 볼 수 없을 것이다"
라고 하나, 길고 긴 숲은 천백 세가 되더라도 오히려 울
창할 것이다.

— 『상임선안』,

「정사 양월 상완 창녕 조윤홍 근발 丁巳蓂月上浣昌寧曺允洪謹跋」

19세기에는 나라 전체가 혼란에 빠져들면서 시간이 지날수
록 사람들의 삶도 힘들어졌다. 이러한 때 이미 한 차례 동계가
중단되면서 중수하였지만 쉽지 않았다. 그래서 이때 다시 한번
갓뒤마을 동계의 의미를 되짚으며 새롭게 하려고 결의했다. 먼
저, 동계의 근거가 되는 고문서를 하나하나 찾아서 내력을 확인
했다. 마을의 역사에 대한 자부심을 발견하는 과정이었다. 그
리고 주민들은 수백 년 전 마을 사람들이 만들었던 가치가 현
재에도 남다른 마을의 풍속을 만드는 데 이바지하고 있다고 느

졌다.

　마을 사람들의 갓뒤마을에 대한 자부심은 예전의 동계를 다시 불러들이는 분명한 계기였다. 마을 원로 이도형으로부터 시작해서 마을 사람들 모두의 바람이기도 했다. 이도형은 17세기 경주 지역의 지식인이면서 선비였던 손여지가 갓뒤마을에 동계를 창립했다는 그 가치, 그리고 그중 숲을 조성하는 협동이 있었다는 사실을 강조했다. 갓뒤마을 동계는 이러한 점들을 꼭 찍어서 예전의 동계를 이어 가야 한다고 계원들이 공감했다. 이때, 마을 사람들이 모인 이유는 동계를 잇는 일이었고 그중 핵심은 마을 숲이고 말림갓이 주는 호혜의 가치였다.

　갓뒤마을 사람들은 동계의 중심이 숲에 있다고 생각했다. 지난 시간을 돌아보았을 때 동계가 중단을 거듭하면서 마을 숲이 혹여나 사라지지 않을까 하는 걱정도 커져 가고 있었다. 그래서 마을 사람들은 동계를 이어 간다면 수백 년 동안 가꾼 멋있는 길고 긴 마을 숲이 영원히 이어지리라 크게 기대했다. 마을 숲을 가꾸고 말림갓을 사랑하는 갓뒤마을의 노력은 끊이지 않았다.

경주 이조리 동계

조선시대에는 마을마다 마을 사람들이 만든 여러 계가 있었고 필요에 따라서도 여러 가지가 있었다. 그중 마을 사람들이 가장 많이 참여하는 것이 동계였다. 숲 가꾸기, 수리시설 관리하기, 목초지 보호하기 등등 여러 가지 목적에 따라 계가 만들어졌다. 그중 가장 현실적이고 대표적인 것이 초상을 함께하기 위한 상포계였고, 마을에 따라서는 지금도 작동하고 있다.

경주의 또 다른 동계로 내남면의 이조동계가 있다. 동계를 만드는 이유는 혼례나 상례와 같이 기쁘고 슬픈 일을 함께하며 서로 돕는 데 있었다. 그리고 마을 사람들이 함께 누리는 가치를 지키기 위해서도 조직했다.

우리 여러분들은 여기에서 나서 자랐다. 한 무리의 물고기 떼 같고 마치 한 묶음의 난초 향기와 같았다. 어른은 어른답고 아우는 아우다워 예의로 서로 가르치고,

허물은 서로 살폈다. … 요즈음 세상인심이 땅에 떨어져 각기 스스로 공으로 여기고, 각기 사사로운 것으로 의를 삼아 게으르고 야박하고 경솔한 가운데 고질병이 된 지 여러 해니 참으로 애석하도다.

— 『이조동안(尹助洞案)』, 「무술 6월일 입의(戊戌6月日立議)」

1658년(효종 9) 6월, 동계를 창립할 때 이조동 사람들이 모두 합의한 입의의 내용이다. 동계 조직에는 한마을에 산다는 동료 의식이 깔려 있었다. 이조동계도 또한 그러했다. 17세기 당시에 지향했던 성리학 가치에 따라 장유유서의 질서 속에서 서로 돕는 마을을 이상으로 삼았다. 여기서 이조동계를 조직하게 된 이유가 드러났다. 바로 한마을에 사는 사람들이 자가의 생각만

그림 34 이조동계의 인수인계 문서 『전여기』(좌)와 이조동에 있는 용산서원의 모습(우)

정의롭게 여기고 개인의 이익만 좇아서 갈등이 생겨나고 있었기 때문이었다. 이러한 진단은 마을 주민들 스스로가 내린 결론이었다. 이에 함께 살아가기 위한 지혜가 필요하다고 공감하고 있었다.

당연히 동계가 작동하는 내용은 다른 마을과 같이 혼례와 상례에 서로 부조하는 것들이었고 동계는 서로 약속한 15개의 조목을 갖추었다. 그런데, 뜻하지 않게 동계를 중심으로 마을 사람들이 뭉치는 계기가 마련되었다. 마을 공동의 이익이 걸린 수리와 수목이라는 공유자산의 관리와 관련해서였다.

1693년 4월, 황이인 등 26명 이상의 마을 주민들이 경주에 민원을 제기했다. 이유인즉 마을의 수원을 공급하는 상류에 대한 개간을 방지하기 위해서였다.

예전에 수도였으나 물이 옮겨지고 진흙이 쌓여서 강가에 진황지가 생겨났다. 요즘 물이 마르고 땅이 높아져 농사도 지을 수 있게 되었으므로 밭을 만들려고 경작하는 사람들이 많아졌다. … 경작자들이 금지하고 보호하였는데 요즈음 상류에서 물길이 세어져 마을 사람들 땅이 해를 입었다. 그래서 제방을 쌓고 나무를 심은 다음 그 안쪽을 나누어 보상하기로 하고 지난해 가을에 수백 명의 일꾼을 동원하여 역사를 시작했다.

— 1694년 이조리 「완의」

　이조마을 사람들은 자신들의 경작지를 보호하기 위해 상류에 침전물이 생기는 일을 방지하며 수도를 보호했다. 왜냐하면, 농업용수 공급은 농사의 성패와 수확을 결정짓는 가장 중요한 변수이고 그래서 마을 주민들이 나누는 혜택이 컸기 때문이었다. 게다가, 수로 관리를 위해 강둑을 정비하고 나무를 심는 과정에서 마을 주민들의 노력이 있었다. 그래서 상류의 수로는 이조마을 사람들이 모두 누리는 호혜의 기반으로서 바로 공유자산이었다. 이조동계는 마을의 핵심 이익이 침해당하는 것을 지켜만 보지 않고 적극 대응했다.

　이듬해에는 마을에서 조성한 수도, 즉 관개시설의 안정을 위해 강둑을 보수하고 조성한 숲의 관리를 강화하는 동계의 규약을 만들었다. 그리고 약속을 어기면 중죄로 다스리자고 결의했다. 강둑과 숲에 함부로 소와 말을 풀어 방목하면서 이곳의 수목이 잘 자라지 못하는 문제가 발생했기 때문이었다. 관개시설을 보호하기 위한 숲, 그리고 그 숲을 관리하기 위해 방목을 제한하는 마을 동계의 결의였다. 바로 관개시설, 숲, 그리고 방목지라고 하는 호혜를 위한 공유자산을 유지하고 지속하기 위한 이조마을의 협동이 작동하고 있었다.

　마을 사람들이 동계를 만들고 서로 이해하는 약속, 즉 동약을 만드는 일은 조선시대에 빈번한 일이었다. 그리고 여기에는 주희가 그러했듯이 성리학적 가치에 따라 주민들이 서로 부조하며 화목한 공동체를 만든다는 그런 이상의 실현이라는 가치가 부여되었다. 그렇지만, 마을 사람들이 함께 누리는 수리, 숲과 말림갓, 방목지 등과 같이 모두에게 호혜를 베푸는 공유자산을 지키려는 계기가 강하게 작용하고 있었다. 이는 이조동계나 경주의 여러 동계만 가진 특징이 아니라 조선시대 마을마다 만들었던 여러 동계에서 찾을 수 있는 삶의 지혜였다.

정이어라, 화해하며 함께한다

　앞서 말했듯 마을마다 동계가 있었고 그 목적은 결혼식에 함께 축하하고 상장례에 부조하는 내용을 담고 있었다. 대체로 한곳에 어울려 살면 서로 돕고 위로하는 일이 가장 중요하다. 그런데, 경주의 여러 동계 사례에서 살펴본 것처럼 처음 마을 사람들이 뭉치게 된 계기는 역시 공동의 이해와 목표가 있었기 때문이었다.

20세기, 그리고 21세기 동계는 작동하고 있을까? 경주의 방어리와 갓뒤마을 동계를 다시 들여다보면 언저리의 답을 찾을 수 있다. 방어리 동계는 지금도 매년 4월이 되면 전국의 계원들이 마을에 모인다. 이에 앞서 아직 방어리에 뿌리를 내리고 있던 주민들이 대부분이었던 1970년대까지만 해도 마을 중심에 있는 이남서당에서 설날과 추석, 그리고 정기 계회날 마을 사람들이 모였다. 이남서당은 바로 조선시대 동안 방어리 동계를 실시하던 그곳이었다.

> 우리 동계의 옛 조약에 따르면 길사에는 서로 기뻐하고, 흉사는 서로 조문하였다. 그런데 지금 계원 중에 만일 서로 호혜를 주고받는 일에 막힌 자가 있으면 곧 동계에서 살핀다. 그런데 살피고 말을 들어 그 곡직을 분별하여 잘못된 자는 동계의 명단에서 제외한다.
>
> ─『상동계안-병자 3월일上同契案─丙子3月日』, 「절목節目」

동계를 지탱하고 있는 힘은 기쁜 일에 함께 기뻐하고 슬픈 일에 서로 조문하는 것이었다. 바로 "기쁨은 나누면 배가 되고 슬픔은 함께하면 반이 된다"는 교훈이 켜켜이 쌓여 있었다. 1930년대 후반, 일제강점기라는 무시무시한 시기에도 동계에

그림 35 2019년 방어리의 마을회관(위)
그리고 현재의 장부 관리 기록(아래)

서는 인용문과 같은 가치를 굳건히 지키면서 마을 주민이 서로 위로하며 지역사회와 나라를 지켰다. 그리고 독립을 쟁취한 이후에도 이러한 가치가 동계의 가장 중요한 덕목으로 남았다.

지금은 방어리 동계의 많은 계원이 외지로 나가 있다. 계원

명단을 보면 가까이는 경주, 울산, 대구에 사는 계원이 있고 멀리는 서울과 경기 등 전국으로 흩어졌다. 하지만, 여전히 혼례와 초상에 있어 서로 돕는 가치를 유지하면서 예전의 동계를 이어 가고 있다. 그런데, 2023년 방어리 동계가 400년 동안 이어진 역사를 담고 있는 사실이 고문서에서 밝혀졌다. 활 쏘는 무부들의 사계에서 성리학적 가치를 담은 동계로 전환한 내용에 가치를 부여하면서 문화재로 지정되었다. 이 사건을 계기로 동계는 활동의 가치를 상호부조에서 나아가 지역사회가 기대하는 내용을 담을 방법을 고민하고 있다.

갓뒤마을의 동계도 상호부조의 가치를 현대사회에도 이어 가고 있다. 독립 직후 동계를 새롭게 하기 위한 활동도 있었다. 1947년 계원 이길우가 마을회관을 새로 짓고 쓴 글에서 엿볼 수 있다.

> 근래에 와서는 사람들의 마음이 옛날과 같지 않고 풍속이 오히려 차츰차츰 변해 가니, 텅 빈 마을 사무소는 주인이 없는 물건과 같았다. 위로는 비가 새고 옆으로 바람이 불어대어 썩어 부서지고 무너지게 되었다. 옛날 기록에서만 동계를 확인할 수 있는데 이는 매우 통탄스럽다. 마을의 노소 여러 선비가 이것을 걱정하여

중창할 것을 충분히 상의하였으나 그 일을 주동할 사람이 없었다. 그래서 내가 늙어 쓸모없으나 선대를 사모하는 정성으로 자임하며 맨주먹으로 일을 시작하였다. 원근의 사람들이 앞다투어 의연금을 내고 앞다투어 노동에 나오니….

— 갓뒤마을의 『연의방명기揖義芳名記』 중에서

그림 36 2020년 현재 갓뒤마을 인근 도시개발 현황과 황성공원 안내도

1945년, 독립을 되찾자마자 갓뒤마을 사람들이 모여서 가장 먼저 한 일은 예전에 남아 있던 동계를 새롭게 중수하는 것이었다. 글에서는 중수에 앞서 엄혹한 시기를 보내다 보니 경주 시내에 있던 갓뒤마을 사람들의 인심이 예전만 못하게 변하고 말았다는 한탄이 곳곳에서 일었던 사정을 적었다. 그리고 마을 사람과 동계의 활동 중심이었던 마을 사무소가 오랫동안 사용되지 않으며 쇠락한 모습이 마치 그때의 현실과 같았다고 보았다. 그래서 몇몇 뜻있는 원로들이 마을 사무소를 새롭게 하기로 결의하고 돈을 모았으며 사람들이 함께 공사에 참여했다.

　　갓뒤마을에서 마을 사무소를 새로 짓는 일은 단순한 건물의 보수에 그치지 않았다. 글에서 밝혔듯이 선배들이 동계를 조직하고 함께 기뻐하고 슬퍼하며 부대꼈던 옛날을 되살리고 싶은 마음이 있었다. 바로 혼례에 축하하고 초상에 슬퍼하는 그것이었다. 1947년을 계기로 갓뒤마을 동계는 새롭게 출발했다. 그런데, 2000년을 전후하여 마을 주위가 도시화되는 과정에서 아파트가 들어서고 숲이 사라졌으며, 마을에 오랫동안 살던 사람들도 흩어지면서 동계는 크게 위축되었다. 지금은 몇몇 계원들이 서로 연락을 주고받으며 상호부조를 이어 가고 있다.

마을 가꾸기와 새마을 운동

　조선시대 동계는 주민들이 모두 누릴 수 있는 호혜의 가치를 위한 협동에 그 기반이 있고, 협동을 실현하기 위해 끊임없이 서로의 생각을 엿보고 조정하는 과정이 있었다. 동계가 전해 준 지식과 지혜는 현대 한국사회에도 그리고 미래 한국과 인류에도 의미가 있다. 먼저 현대 대한민국에 작동한 동계의 가치는 1970년대 새마을 가꾸기와 이 운동에서 확장한 새마을 운동에서 찾을 수 있다. 경주 인근의 문성리 사례이다.

> • 67년도에 한발로 모 한 포기 심지 못한 마을 주민들은 냇가로 몰려나가 한해 극복을 위한 양수장 설치에 의견을 모았고, 집수 암거 작업을 편 것이 다행히도 성공을 거두게 되어 주민들은 영구적인 한해 대책을 논의하기에 이르렀다. … 양수장을 설치하고 송수관을 매설하는 데 서로 의견이 충돌되고 말다툼이 생기고 불평이 일 때마다 그 고충은 말할 수 없었고, 송수관 매설이 끝나고 시험 송수할 때 수압을 못 이겨 터진 송수관을 옷을 찢어 틀어막기도 했었다.
> — 내무부, 「지도자의 집념으로 일어선 문성동」,

1970년대 포항 문성리 마을의 새마을 운동 계획(좌)과 새마을 회관(우)

『새마을 運動-시작에서 오늘까지』, 1973

1967년에는 뜻하지 않은 심한 가뭄으로 마을 사람들의 생존이 위협받는 일이 발생했다. 마을 사람들은 회의를 통해 강물을 끌어오는 양수기를 설치하기로 모두 뜻을 모았다. 그뿐만이 아니었다. 모두의 삶을 개선하기 위해 일찍이 모은 기금을 바탕으로 양수기를 사는 것과 더불어 마을의 농업 환경을 전환하기로 결정했다.

이러한 합의에 이르는 과정은 쉽지 않았다. 토지의 전환과 부업 조성에 처음부터 모두가 동의한 것은 아니었고 양수기 도입을 반대하는 등 다른 생각을 가진 사람들도 있었기 때문이었다. 이러한 다른 의견을 조정할 수 있었던 데는 역시 이 마을에도 있었던 동계의 지혜, 즉 마을 어른들이 동계를 통해 서로의 의견을 조율했던 협동의 경험이 작동했다. 그리고 한번 결정한 일은 마을 사람 모두가 망설임 없이 함께했다.

문성리에서 쏘아 올린 마을 가꾸기 노력은 1970년 당시 정부에 의해 새마을 운동으로 전환되었다. 문성리 사람들은 새마을 운동에도 적극적이었다. 마을에서는 여전히 마을 주민들의 회의를 통해 주민 모두에게 혜택을 주는 호혜의 가치를 담은 사업을 결정했다.

- 주요 실적: 차도 개설, 농로 개설, 지붕 개량, 리어카 공급, 마을회관 건립, 공동 우물, 공동 빨래터, 부엌 개량, 변소 개량
- 부녀회장 황여분의 지도 아래 농번기에는 전 동민이 누에를 치고 농한기에는 홀치기를 하여 농가 소득 증대에 앞장서고 빨래터 조성, 담장, 부엌, 화장실, 마을 환경개선 등을 부인회원들이 일심동체가 되어….

  —「새마을 운동 발상지 문성마을 회고록 이석결」, 『새마을 운동 발상지-경상북도 포항시 북구 기계면 문성리』, 포항시

마을 사람들은 정부로부터 지원받은 철근과 시멘트의 혜택이 모두에게 골고루 돌아가도록 여러 차례 회의를 거듭한 결과 우선순위를 결정했다. 차도 개설에서 변소 개량에 이르는 사업은 그 결과물이었다. 1970년대의 글이다 보니 '지도'라든지 '소득 증대' 등의 단어와 공격적인 문장으로 쓰였다. 공동 우물과 빨래터 조성, 담장·부엌·화장실 개선으로 마을 환경을 조성하는 일에는 조선시대의 남성 중심 동계와 달리 여성들도 함께했다. 우물과 빨래터 등은 함께 사용하기에 조금은 결정이 쉬웠지만, 부엌과 화장실 개선은 우선순위를 정하는 데 많은 고민과 서로의 양보가 필요했다. 바로 호혜를 위한 협동의 과정이었고 이 가치는 조선시대 동계에서 이어진 유산이자 지혜였다.

조선시대 동계는 예전에 양반들이 지역의 권력을 잡기 위해 동원한 하나의 수단이라고 보는 시각이 있었다. 그래서 마을 안에 권력과 갈등이 항시 작동했다고 보았다. 그럴 수도 있다. 그랬을 것이다. 그렇지만 이것만으로는 몇백 년 동안 같은 마을에 함께 살면서 동계를 작동한 사실을 모두 설명하기에는 부족하다. 공동의 이익을 함께하기 위한 호혜와 협동의 지혜가 바로 여기에 있었다.

호혜와 협동의 지혜는 과거의 유산에 그치지 않고 1970년대 마을 가꾸기와 새마을 운동 과정에서 빛을 발했다. 대한민국은 이런 저력이 작동해서 새마을 운동을 성취하고 인류사에 전례가 없는 농촌개발 성공의 신화를 만들었다. 세계는 한국의 새마을 운동의 경험을 함께하기 위해 주목하고 있다. 이렇게 본다면 조선시대 동계는 '오래된 미래'라고 하겠다.

동계, 새마을, 그리고 인류

조선시대 여러 마을에서 작동했던 동계에서 어울려 잘 살기 위해 만들어 낸 지혜는 오늘날에도, 어쩌면 가까운 미래에도 여전히 소중한 것이 될지도 모른다. 그동안 한국은 한국문화의 가치를 발견하고 인정받기 위해 부단히 노력했다. 그런데 뜻하지 않게 조선시대 농촌 마을에서 얻은 지식과 지혜가 인류를 위해 작동하면서 한국이 인류에 이바지하게 되었다.

세계에 자신의 존재를 알리려는 한국의 노력은 길고 길었다. 일제강점기에는 "아와 비아의 투쟁"이라는 한민족과 일제의 대결 구도 속에서 우리를 찾기 위해 '국학' 운동을 펼쳤다. 이는 우리의 독립을 찾기 위한 처절한 몸부림이었고, 그 속에서 우리 문화가 우수하다는 자기 긍정이 필요했다. 독립으로 빛을 되찾자, 일본 제국주의가 심어 둔 한국문화에 대한 폄하를 떨쳐

내는 일에 다시 힘을 모았다.

우리를 객관화하고 인류를 바라보는 데에는 시간이 걸렸다. 식민사학의 낙인을 벗어 던지고 민족문화의 가치를 발견하는 '국학' 연구에 계속 노력을 기울여 우리 문화가 가장 멋있다는 자신감을 가지고자 애썼다. 1970년대 이후로는 고도 경제성장을 거듭하면서 '한국문화의 정수'를 연구하여 '민족문화 창달'을 위한 국학에 덧대어 한국학 연구를 했다. 이제, 21세기 우리나라는 국가의 위상에 맞게 인류 발전에 함께하는 대한민국이 되었다.

인류에 이바지하는 대한민국의 지식 중 대표적인 것이 농촌의 지식일 수 있다. 인류에 한국의 지식을 알리고 또 한국의 가치를 인류의 관점에서 새롭게 해석하는 일이 '한국학'이다. 그렇다면 한국사에 있어 농촌을 가꾸었던 마을 사람들이 서로 돕는 호혜의 가치를 위해 쌓아 올렸던 협동의 노력도 그중 하나가 될 수 있다.

조선시대 경주 지역에는 많은 동계가 있었으며, 지역마다 여러 목적의 계가 작동했다. 이들 동계는 한마을에 거주하는 주민들이 수백 년 동안 미움과 사랑을 녹여서 작동시켰다. 그 중심에는 호혜와 협동이라는 가르침이 있었고, 잠재되어 있던 이런 지혜는 1970년대 농촌 빈곤과 환경개선을 목표로 한 새마을

그림 38 1970년대 마을 개발 계획서(좌)와 아프리카의 새마을 운동(우)

운동에서 빛을 발하게 되었다. 대한민국 사람은 자기 평가에 인
색하지만, 인류사에 농촌의 빈곤과 질병을 이처럼 극적으로 이
겨 낸 사례는 없다. 놀라운 일이다.

　대한민국은 21세기부터 한국의 농촌 빈곤 해결 성과를 농촌
개발의 관점에서 해석하고 이 내용을 지구 남반구의 이른바 '개
발도상국'에 수출하고 있다. 놀라운 성과는 당연하다. 그렇지만
이제 우리는 남다른 가치를 인류에 제안해야 한다. 한국이 수출
한 농촌개발 현장에서는 사업 관리를 우선하기에 현지 토착문
화에 주목하기는 어렵다. 봉사자들은 현지 농촌에서 환경개선
과 소득 증대를 위해 한국의 경험과 지식을 전수하는 사업을 설
계하고 성과를 관리하는 업무에만 주로 집중한다. 이런 시행착
오에 대한 답을 고민한다.

해외의 농촌개발 현장에서는 지역의 토착문화를 존중하기 어렵고, 사업 관계자가 현지의 지식을 참고로 한국의 역사와 문화를 되돌아보는 데에도 한계가 있다. 농촌개발 사업 진행에 앞서 그곳의 토착문화에 관한 관심과 연구를 선행할 필요가 있다. 이러한 현지의 토착문화에 대한 관심과 탐구는 한편으로는 조선시대 농촌, 그리고 동계의 의미를 새롭게 발견할 기회를 제공해 줄 수 있다.

조선시대 농촌에서 공동의 이익을 위해 협동하면서 호혜의 지속성을 유지하고자 했던 동계와 유사한 지식을 한국의 농촌개발 원조를 받는 지구 남반구 사회에서도 찾을 수 있다. 아시아의 '하크Haq', 아프리카의 '우분투Ubuntu', 남아메리카의 '수막 카우사이Sumak Kawsay'와 같은 지구 남반구 지역 토착 지식의 사례가 그것이다. 이는 한국의 토착 가치가 지구와 인류의 문화와 연대, 혹은 비교 가능하다는 사실을 암시한다. 그렇기에 국제개발로서 수원국 농촌개발 사업에 착수하기에 앞서 인문학 관점에서 토착 지식에 관한 관심을 기울이려는 노력은 한국 토착문화의 가치도 발견하는 계기가 된다.

한국은 이제 한국과 한국인, 그리고 민족을 중심에 두고 세상을 바라보기보다는 세계사와 인류의 문화 다양성이라는 측면에서 고민할 때가 되었다. 우리가 세계사에, 그리고 인류에

끼치는 영향력이 생각 이상으로 커졌기 때문이다. 그만큼 대한
민국의 어깨도 무겁다. 한국이 인류에 제공하는 지식, 그중에서
변하지 않는 사례는 조선시대 농촌에서 작동했던 동계와 그 동
계의 호혜와 협동을 위한 끊이지 않는 노력의 유산이다. 이 부
분에서 방어리의 활 쏘는 사람들과 갓뒤마을의 나무 심는 마을
이 우리와 인류에게 주는 가치는 소중하다.